ÉDUCATION

DU

CHIEN D'ARRÊT

ÉTUDES PRATIQUES

PAR

le baron A.-C.-E. BELLIER DE VILLIERS

PARIS

IMPRIMERIE V. GOUPY ET JOURDAN

71, RUE DE RENNES, 71

1881

ÉDUCATION

DU

CHIEN D'ARRÊT

ÉDUCATION

DU

CHIEN D'ARRÊT

ÉTUDES PRATIQUES

PAR

le baron A.-C.-E. BELLIER DE VILLIERS

PARIS

IMPRIMERIE V. GOUPY ET JOURDAN

71, RUE DE RENNES, 71.

1881

AVANT-PROPOS

Pour tirer le meilleur parti des races de chiens
de chasse qui peuvent répondre à nos besoins —
qu'elles soient étrangères ou indigènes — il n'est
point de plus précieux aide que leur parfaite appropriation aux services que nous en attendons.
Au moyen d'une éducation pratique et raisonnée,
diriger également l'emploi de leurs facultés physiques et morales dans le sens où elles doivent nous
valoir les plus grands avantages, n'est-ce pas non
seulement utiliser avec succès les variétés impor-
tées, mais encore entretenir celles qui depuis longtemps sont nôtres ?

Faute d'avoir compris que cette destination vir-
tuelle était la base de tout progrès, les amateurs
qui ont traité de parti-pris la question de nos
chiens de chasse à tir ou à courre ont fatalement
perpétué des erreurs, et si leurs controverses ont

éveillé la curiosité de quelques-uns, elles n'ont sa-
tisfait personne. En effet, aucun esprit sérieux et
vraiment jaloux des intérêts de son pays ne pourra
admettre, comme un axiome, que toute race abo-
rigène dont les qualités sont devenues insuf-
fisantes, est par cela même condamnée à disparaître comme si sa dégénérescence physique ou
morale n'était pas le fait de notre propre incurie !
Le pouvoir de créer une variété quelconque — aussi
bien que celui de l'entretenir — appartiennent à
la même main et vouloir simplement « remplacer »
pour n'avoir pas la peine « d'améliorer ou de régénérer » est la plus dangereuse hérésie. De là
sont venues ces déceptions qu'ont eues maints
chasseurs, déceptions à l'abri desquelles chacun
eût pu se mettre, en examinant les choses sous leur
aspect pratique et en se gardant d'accorder à des
théories plus ou moins judicieuses l'importance
qu'elles ne sauraient avoir.

D'ores et déjà, nous ne pouvons donc être sus-
pectés de vouloir ressusciter cette polémique désormais byzantine de la supériorité ou de l'infériorité des races de chiens anglais, allemands,
espagnols ou français, comparées entre elles. Les
unes comme les autres ont leur raison d'être ainsi
que leur valeur propre, et lorsqu'un chasseur
déçu déclare celles-ci ou celles-là manquer des qualités qu'il comptait trouver en elles, le reproche

retourne de droit à son auteur, car c'est à lui de savoir choisir, parmi toutes, la race qui peut lui fournir ses meilleurs auxiliaires.

A la vérité, pour prendre le bon chemin dans ce labyrinthe de variétés nées d'un métissage où le dieu Hasard a souvent fait des siennes, des études assez spéciales ne sont pas de trop ; mais, mieux que personne, chacun est bon juge pour soi-même en fait de chiens d'arrêt. Pas un type de chien de chasse, en effet, n'exige autant que ce dernier — sous le rapport des qualités physiques comme des qualités morales — une plus étroite appropriation non seulement à la nature du pays où il est appelé à chasser, mais encore au propre tempérament de son maître. Car, tel qui est ardent marcheur et fusil émérite, recherche, avant tout, chez son auxiliaire, une grande entreprise, dût-elle même friser un peu le marronnage ; tandis que tel autre, plus rassis d'humeur et jouissant du plaisir de la chasse en bon père de famille, préfère le chien d'allures moins aventureuses et se délecte dans son active et sage compagnie. Il en est donc des chiens d'arrêt comme de bien des choses — il en faut pour tous les goûts ! Et quelles fantaisies musquées peuvent bien ne pas avoir nos trois cent quarante-cinq mille porteurs de permis de chasse !

Dans le chiffre officiel de cette formidable armée qui, chaque an, fait campagne contre le gibier, sont confondus en effet, grands, moyens et petits propriétaires, amateurs riches, aisés ou même besogneux ; et, sauf les possesseurs de domaines qui jouissent d'assez vastes étendues pour ne *chasser que sur soi*, tous explorent, le fusil en main, des terrains de chasse dont le parcours est banal. Aussi, le gibier n'est-il épargné par personne, chacun se donnant cette prétendue bonne raison — que toute pièce qui lui échappe est pour un autre !

Tuer du gibier, en tuer le plus possible, tel est donc le véritable objectif du plus grand nombre des chasseurs français. Que, chez eux, cela soit affaire de palais ou de vanité, comme vous voudrez, mais cela est. Nous savons qu'il est de bon goût de crier haro sur le confrère qui bat les champs pour le croc du garde-manger ; mais nous connaissons trop les contre-sens de la nature humaine pour ne point faire valoir que, parmi ceux qui affectent un dédain si marqué pour la chasse dite *bouchère*, il en est beaucoup qui ne sont point si dégoûtés de ce même gibier qu'ils le voudraient paraître. Du reste, quel est le chasseur qui n'ait point l'amour-propre d'être réputé *un bon fusil* et qui ne tienne le prouver ? Or, ce n'est pas, que nous sachions, en à rentrant chez soi le carnier souvent vide que l'on esquive le titre de *mazette* non seulement décerné par les amis mais encore par la cuisinière !

Laissez donc dire ces bons apôtres qui s'en vont répétant sur tous les tons : la chasse se meurt..... la chasse est morte!.... et qui, loin de prêcher d'exemple, prouvent par leur faire impitoyable que si chacun tuait comme eux, il ne resterait bientôt plus un passereau dans nos plaines ou dans nos bois! Mais croyez bien qu'ils sont malheureusement en petit nombre ceux qui, soit par générosité, soit par prévoyance, s'imposent de détruire avec modération et ne s'abaisseront jamais, pour compter quelques pièces de plus à la fin de la journée, à fusiller de malheureux pouillards, à ravager de leurs deux coups la compagnie qui court dans le sillon ou estropier le faisan qui piéte devant eux!

Dans quelles conditions, alors, est tenu de se servir du chien d'arrêt le commun des amateurs désireux de chasser avec son aide?

Du fait de notre organisation sociale, les grandes propriétés, en se morcelant, sont devenues les moins nombreuses, de même que les fortunes les plus considérables comme les plus modestes, en se partageant, tendent également à s'amoindrir. Cette division du territoire a eu forcément pour résultats, d'une part, d'augmenter le nombre des chasseurs, d'autre part, de diminuer la quantité du gibier et à sa destruction autorisée par la loi, pendant six mois, est venu s'adjoindre son vol ou

le braconnage commis de nuit et de jour pendant
toute l'année !

En présence d'un tel état de choses, la chasse au
chien d'arrêt ne peut être, en France, que modestement pratiquée par la majorité des chasseurs,
et tout en approuvant, chez nos rares et riches propriétaires, la plus large manière de s'adonner à ce
sport, notre raison s'oppose à ce que nous ne les
considérions pas comme des exceptions, parce
qu'ils ont les éléments indispensables pour faire
autrement que tout le monde, c'est-à-dire grandes
terres et grandes fortunes.

Chassant communément sur dès parcelles gar-
dées de haies et de fossés, au sol planté de vignes,
de bois, de bruyères, de genêts, d'ajoncs, et mouillé
par-ci par-là de quelques marécages, il faut à l'amateur de la chasse au chien d'arrêt un auxiliaire ayant
les qualités qui lui permettent de chasser aussi bien
en plaine qu'au fourré et au marais. Voilà quelle
est la véritable sphère d'action où se meuvent les
cinq sixièmes de nos chasseurs, n'ayant pour tout
aide qu'un seul chien et en présence de gibiers dont
la variété des espèces ne compense que très médio-
crement la rareté des individus.

La caille, la perdrix grise, le râle de genêts, la
canepetière, le lièvre, telles sont les pièces qu'en
plaine nous avons chance de mettre dans notre
carnier durant ces six semaines qui suivent l'ou-

verture et dénommées « la primeur ». De passage
ou indigènes, ces gibiers tiennent devant le chien
parce que, à cette époque, ils peuvent dissimuler
leur présence dans les récoltes encore sur pied
telles que trèfles, luzernes, sainfoins, betteraves,
pommes de terre, blés noirs, chanvres, etc.

Mais dès la mi-octobre, la perdrix rendue fa-
rouche et rusée, autant par la poursuite incessante
dont elle a été l'objet que par le manque de remises,
ne tient plus qu'aux vignes et à la haie. Pour éviter toute surprise, elle se groupe souvent en compagnie de trente à quarante oiseaux et vit de
préférence en terrains découverts où elle ne part
à portée qu'à la condition que ses individus
soient isolés. Seul, le lièvre que la chute des feuilles
fait déserter des bois, se gîte avec confiance dans
les vieux guérets, les carrières abandonnées ou les
terres en jachère. Alors commence la « chasse
d'arrière-saison » à laquelle ne s'adonnent que
les véritables amateurs, tant à cause de toutes ses
difficultés que parce que les journées où le gibier
se laisse approcher sont rares à l'automne, ce qui
fait dire au commun des chasseurs : « Il n'y a plus
rien à faire en plaine ! »

Maintenant, la feuille roussie par les gelées
jonche partout le sol et la chasse au fourré va de
nouveau nous rendre précieux l'aide du chien
d'arrêt. La perdrix rouge, la bécasse, le faisan, le

lièvre et le lapin, nous feront encore passer de bonnes heures en battant les tailles, les bruyères, les gaulis. Enfin, au temps des froids, sur le canard, la sarcelle, la bécassine, nos chasseurs, au long des petits cours d'eau, dans les marais, autour des fontaines, trouveront l'occasion de faire parler la poudre jusqu'au jour où respectueux de la loi, ils remettront le fusil dans l'armoire aux armes et le chien au chenil.

La constitution de la propriété, l'agencement des fortunes et l'engiboyement même de nos terrains de chasse, constituent donc une manière de faire spéciale à laquelle ne peuvent répondre que des chiens ayant le tempérament, la vigueur et toutes les qualités voulues, soit naturelles, soit acquises. A tous sujets issus de races anglaises aussi bien qu'allemandes, françaises, espagnoles, notre mode de chasser s'impose et il appartient dès lors au chasseur de choisir ceux qui, par leur nature comme par leur éducation, sont propres à remplir son but.

Maintenant qu'en France, — nous le répétons, — le grand propriétaire et amateur passionné de la chasse au chien d'arrêt la pratique tour à tour avec des pointers, des setters aidés de retrievers — en un mot, selon les principes consacrés communément en Angleterre — nous ne pouvons qu'applaudir à son goût judicieux; car, outre qu'il se sert, comme un véritable sportman, de chiens d'un dressage tout particulier, il a ses coudées franches pour les mettre à l'ouvrage sur ses vastes terrains de chasse et encore.... à la condition qu'il se privera du plaisir de chasser en compagnie de quelques amis, car il se pourrait bien qu'ils lui fissent observer au bout de peu de temps que ses chiens empêchent de travailler les leurs qui sont autrement dressés.

Certains esprits mal équilibrés diront à cela que si deux chiens d'arrêt suffisent pour battre, devant six chasseurs, cinq cents hectares, il est inutile d'en avoir un plus grand nombre. L'objection est fallacieuse, mais... elle ne trompera personne. Cette manière-omnibus de chasser au chien d'arrêt est absolument dénuée du plus grand plaisir qu'a tout véritable chasseur — celui de voir travailler son chien — et l'on comprend qu'à cette bâtarde contrefaçon d'un de nos plus charmants sports, bien des amateurs du fusil aient préféré comme plus amusante, la battue, ce mode de chasser où l'on ne chasse pas!

A notre avis, elle sera toujours une faute grave, celle d'attendre certains services de chiens qui n'ont point été façonnés pour nous les rendre. Aussi, en toute justice, ne pourrons-nous jamais admettre que nos chasseurs reprochent soit au pointer, sa violence, sa froideur au rapport, son manque d'entreprise à l'eau, à l'ajonc ; soit au setter, son peu de résistance à la chaleur, son humeur capricieuse ; soit au fox-hound, son dédain des voies hautes ou fines, etc., etc. Toutes ces imperfections, aux yeux de nos amateurs, sont dans la nature même de ces différents types de chiens anglais et ceux qui les ont créés n'ont jamais songé à leur demander l'ensemble des qualités que nous recherchons précisément chez eux. De notre part, ce sont autant de contre-sens. Vous entendrez dire qu'ils sont également propres à bien chasser en plaine, au fourré, au marais, habiles à retrouver la pièce blessée, etc., etc. Sans aucun doute, dans le nombre, vous en trouverez quelques-uns qui, par leur caractère propre — don d'une variabilité incessante chez le chien — y seront naturellement prédisposés, mais sans une éducation appropriée, la plupart gênés par la contrainte que vous imposez à leurs facultés instinctives, vous occasionneront bien des déceptions. Et autrement, ces chiens seraient-ils eux-mêmes ? Non. Leur nature serait altérée et pas un chasseur anglais ne voudrait désormais les reconnaitre pour de véritables pointers, pour de véritables setters !

Ainsi que nous l'avons dit — le chasseur français n'ayant généralement le moyen que d'accomplir avec un seul chien — la besogne faite par le

chasseur anglais avec plusieurs et dont les rôles
sont différents, nous affirmons par expérience que,
pour chasser avec un égal succès dans nos pays
de chasse, un pointer pur-sang et un setter pur-
sang dressés à l'anglaise — n'ont point et ne sauraient avoir le faire qui contentera nos chasseurs,
et c'est en grande partie la raison pour laquelle
ces chiens ont été jugés par eux avec défaveur
parce que, chez ceux importés soit comme repro-
ducteurs soit comme chiens de commerce, les aptitudes n'avaient point été développées en vue de
chasser dans nos pays et ne pouvaient l'avoir été.
Mieux qu'eux, les différentes variétés de cockers
conviendraient à nos plus chauds amateurs du fusil, car, avec ces pisteurs de tout gibier, sa recherche et sa poursuite se font aussi meurtrières
qu'à l'aide de nos choupilles ; mais ce mode de
« hourailler » ne pouvant figurer dans le cadre de
notre travail, nous n'avons point à nous occuper
des races de chiens qui ne sauraient être classées
au nombre de celles dites d'arrêt.

L'importation d'espèces quelconques de pays à
pays, à plus forte raison le déplacement de races
de contrées à contrées, sont des entreprises auxx-
quelles l'homme peut être décidé soit par ses besoins, soit même par sa fantaisie ; mais elles ne
sauraient jamais échapper au contrôle de l'accli-
matation. Produits artificiels, les races ne s'entre-

tiennent et ne prospèrent que sous l'influence des mêmes agents qui ont contribué à leur création, et, sorties de leurs milieux, elles dégénèrent fatalement si l'on tente de les perpétuer par elles-mêmes ou sont absorbées par les races indigènes pour le plus grand profit de ces dernières. Telles sont les influences naturelles auxquelles ne sauraient se dérober tous les types de chiens anglais importés sur le continent, et, par cela même, leur rôle est tout tracé. Ils sont de précieux agents pour l'amélioration de nos races canines, soit d'utilité, soit d'agrément. C'est à ce point de vue que leurs diverses variétés peuvent rendre les plus importants services, car, si parfaites qu'elles soient, jamais elles ne vaudront, chez nous, ce qu'elles valent chez elles, ce qui revient à dire que les races d'un pays sont celles qui sont les meilleures dans ce même pays, et c'est notre opinion.

Du reste, il est indiscutable que chaque race n'est perpétuée qu'en vue des aptitudes particulières qu'elle possède, aptitudes devenues précieuses à tels ou tels points de vue. Chez les éleveurs anglais, cette vérité est si universellement mise en pratique que c'est grâce à elle qu'ils sont arrivés à produire des individus supérieurement doués sous tels ou tels rapports, train, activité ou intrépidité de la quête, arrêt, rapport, etc.

Comme force de tempérament, comme santé,

partant comme vigueur, nous ne pouvons trouver
mieux que les chiens anglais pour régénérer celles
de nos races abâtardies, de même que pour renforcer celles qui en ont besoin, mais, au point de
vue des aptitudes de chasse si diverses qui nous
sont nécessaires, nos races de chiens, moins spécialisées, rentrent mieux dans nos besoins. Car, à
la rigueur, pour vraiment bien chasser avec des
chiens dressés à l'anglaise, dans une contrée composée de plaines, de bois, de marais — et la majeure partie de nos départements nous offre ces
différentes sortes de terrains de chasse — il faudrait opérer à la fois avec un pointer, un setter, un
cocker et un retriéver.

En effet, le pointer et le setter, dans les plaines,
vous rendront, chacun dans sa manière, de véritables services; tous deux d'abord, par leur activité, mais le premier surtout en prenant de haut le
sentiment du gibier selon son faire habituel, et le
second, en le ramassant plus bas, parce que, dans
sa quête, il va d'habitude le nez moins haut.

Au fourré, le pointer et le setter complètement
désorientés, ne pouvant chasser selon leur tempérament ou à leur rapide allure, ne vous seront pas
aussi utiles que le cocker qui battra le bois bien
plus à portée de votre fusil et que vous n'aurez
pas à chercher, à travers les cépées, comme votre
pointer ou votre setter qui seraient tombés à l'ar-

rêt loin de vous sans que vous en ayez eu connaissance.

Enfin, votre pointer, votre setter, dont le tempérament a été jugé trop ardent pour qu'ils soient
dressés avec le plus grand avantage à suivre avec
patience et souvent à de longues distances, la pièce
blessée, vous rendront précieux l'aide du retriever,
c'est-à-dire le chien fait spécialement en vue du
rapport.

Maintenant que certains amateurs raisonnent de
ces choses suivant leur fantaisie, on ne peut en
avoir nul souci ; mais, pour les chasseurs vraiment
pratiques, jamais il ne sera oublié que le chien
d'arrêt, à poil court et fin, ou *pointer*, a été créé
pour chasser dans les plaines, — le chien d'arrêt à
poil long et serré, ou *setter*, dans les *moors* ou couverts de bruyères, de genêts, — le *cocker* ou chou-
pille anglais, à poil fourni et à queue raccourcie,
pour fouiller les buissons, les fourrés, etc., — le
water-spaniel, au pelage dru et huileux, pour
battre les marais, les étangs, les criques, etc.

Eh bien ! en constatant seulement ces différences
que les chasseurs anglais ont jugées nécessaires
d'introduire entre leurs divers types de chiens
pour la chasse au fusil, n'est-il point superflu
d'ajouter que, comme formes et qualités, ils les
ont aussi merveilleusement appropriés aux services qu'ils en attendent ? Non. Tout en rendant

hommage à la justesse d'esprit comme à l'habileté de main dont les éleveurs anglais ont donné tant de gages dans le perfectionnement de toutes les races d'animaux domestiques, nous croyons utile de rappeler ici que c'est en modelant les pieds, les jambes, les épaules, les hanches, la poitrine, le rein, qu'ils ont obtenu la rapidité de l'allure et sa durée ; que c'est en développant le nez et la boîte cérébrale qu'ils ont augmenté les facultés olfactives, partant l'intelligence ; que c'est par l'exercice assidu et la nourriture substantielle qu'ils ont décuplé la vitalité animale ; et qu'enfin, c'est par l'immixtion du sang soit le plus noble, soit le plus énergique de l'espèce, qu'ils ont développé le système nerveux donnant à la fois les grands instincts et la fierté du caractère. Voilà, selon nous, pourquoi les chiens anglais ont d'harmonieuses et vigoureuses formes, des allures entreprenantes et soutenues, l'humeur tantôt aimable, tantôt peu facile, ainsi que toutes les qualités de chasse qui, conjointement avec ces dons physiques ou moraux, peuvent être exercées avec succès.

Ce ne sont point des esprits qui raisonnent et calculent tout avant de tenter un progrès quelconque, qui demanderont à un chien de battre le terrain à toute allure et le nez bas, parce qu'ils savent bien que, plus un chien va la tête rapprochée du sol, moins il est vite ; pas plus qu'ils ne se résoudront à faire rapporter telle race dont la principale qualité pour eux est l'immobilité au vol du gibier ou au coup de fusil. Ils savent trop que le chien — habitué à quêter le nez haut et à toutes jambes — ne se colle pas volontiers à la piste et que, si on lui demande de le faire, non seulement il n'est pas dans des conditions à s'en tirer avec le plus d'avantages, mais encore, en le mettant à même de saisir une pièce blessée et fuyante, on peut altérer chez lui ce sentiment — rester froid et sans mouvement à la vue du gibier. Et c'est par la même raison que le chasseur anglais ne demande point d'arrêter pas plus au cocker qu'au retriever. Ce serait, en effet, contrarier leur nature et les retarder, le premier, dans la suite, et le second, dans la poursuite du gibier, qu'on leur demande spécialement à tous deux de faire.

Dans l'entretien des qualités de chasse d'une race quelconque de chiens d'arrêt, l'éducation joue un rôle tout aussi important que l'hygiène qui conserve et sa vigueur et sa santé; mais, selon cet adage « que la plus belle fille du monde ne peut donner que ce qu'elle a » nos chasseurs — — même au moyen de notre méthode — ne pourront pas toujours suppléer à l'insuffisance de facultés qui, chez les chiens anglais, n'ont point été cultivées dans le même but que celui qu'ils se proposent. Néanmoins, pour tirer le meilleur parti de leurs plus réelles qualités, en d'autres termes pour les faire plus propres à nous rendre les services que nécessitent et l'exercice de la chasse au chien d'arrêt tel que nous le pratiquons et la nature même de nos pays de chasse, la méthode d'éducation que nous allons développer est la seule qui, — nous le croyons, — leur ait été jusqu'ici indiquée.

Telle est la raison première qui nous a décidé à publier ce travail sur l'éducation du chien d'arrêt et nous sommes encouragé à l'offrir à nos confrères par ce double espoir, d'abord, qu'il sera utile à tout amateur de beaux et bons chiens, en lui indiquant la véritable manière de les mener avec succès partout où ils seront appelés à rencontrer du gibier, ensuite, qu'il concourrera à la régénération et à l'entretien des races les plus estimées en perpétuant leurs plus brillantes qualités.

CHAPITRE PREMIER.

CONSIDÉRATIONS

SUR L'ÉDUCATION DU CHIEN D'ARRÊT

On a écrit — sur le dressage du chien d'arrêt —
des manuels nombreux. Selon nous, il en est peu
où ce sujet ait été traité avec quelque méthode. Or,
qui dit éducation dit méthode.

Vraiment, à entendre leurs auteurs, la parfaite
éducation d'un chien d'arrêt est chose désormais à
la portée de tout le monde. Chaque chasseur est
rendu apte à faire celle de son chien. C'est une erreur absolue.

Après avoir été formé, dès notre enfance, par
d'excellents chasseurs dont la réputation est encore bien vivante partout où ils ont paru le fusil
ou la trompe en main, après avoir pratiqué la
chasse pendant trente et quelques années, nous
avons le droit de croire que nous avons acquis

quelque expérience en la matière. Cependant, malgré que nous ayons, pour notre part, dressé bon nombre de chiens d'arrêt, malgré toutes nos études, nous n'avons eu à notre connaissance qu'une seule manière de dresser réellement à la portée de tous, et voici dans quelles circonstances elle nous fut révélée.

C'était à Paris, en 1862, lors d'une fête nationale sur l'Esplanade des Invalides. Nous flanions autour des estrades de lutteurs, dompteurs et autres baladins. Nous fûmes attiré vers un de ces amuseurs du public par un boniment qui, dès les premiers mots, nous avait fait dresser incontinent l'oreille et qui était à peu près celui-ci :

« Pour cinquante centimes ! mesdames et mes-
« sieurs, j'offre à qui voudra ma manière infail-
« lible de dresser tous les chiens de la création !
« Le moyen est aussi simple qu'épatant. Voyez
« voir, ça ne coûte que cinquante centimes ! Allez !
« la musique !... »

Très curieux de voir opérer ce pitre costumé d'un maillot couleur de chair, nous déposâmes dans sa sébille d'étain — comme la plupart des badauds qui se pressaient autour de nous — la menue pièce de monnaie qui était le prix de son travail et l'homme au dressage, ayant supputé de l'œil que la recette était suffisamment bonne, imposa silence d'un geste solennel aux boum ! z'ing z'ing ! qui nous fêlaient le cerveau et reprit avec une verve ébouriffante :

« Maintenant, mesdames et messieurs, je vais « opérer. Attention ! voyez voir ! Vous commencez « par appeler votre chien comme j'appelle le mien : « Médouur,... à moi ! »

A ce commandement, fait d'une voix de rogomme, obéit un gros Terre-Neuve qui, la tête allongée sur les pattes, contemplait mélancoliquement la foule.

« Et — poursuivit l'histrion — s'il est éduqué « comme Médouur, il vient. Alors, vous vous bais- « sez doucement, sans rien dire ; vous prenez car- « rément, de chaque main, ses deux pattes de de- « vant comme ça ; puis vous vous relevez vive- « ment.... Et mesdames et messieurs, comme j'ai « eu l'honneur de vous le dire, le chien est dres- « sé.... sur ses jambes de derrière ! »

Une volée formidable de pommes vertes, cuites, de macarons, de pains d'épice, de mirlitons, etc., s'abattit sur l'excentrique professeur et son élève Médouur qui n'en pouvait mais. Inutile de dire que, sous cette avalanche de projectiles variés, l'un et l'autre disparurent précipitamment derrière la vaste toile peinte qui décorait la façade du théâtre en plein vent !

Mais le tour était joué !

Eh bien ! voilà la seule méthode de dressage à la portée de tout le monde.

Quant à l'éducation qui doit nous occuper longuement — comme tout travail ayant pour objet de dresser un animal quelconque — non seulement elle ne peut être inculquée avec pleine garantie de succès par la première main venue, mais encore elle réclame des qualités qui n'appartiennent qu'à un très petit nombre de chasseurs, telles que le sentiment de la nature du chien, la patience la plus angélique, la persévérance la plus inébranlable, enfin, par-dessus tout, l'observation la plus rigoureuse des principes.

En première ligne, nous posons donc comme un axiome que — seuls ceux qui savent à fond la chasse et sont fins tireurs — sont capables de diriger sûrement l'éducation d'un jeune chien d'arrêt et de la parfaire telle que nos amateurs la désirent; car, ils ont à la fois l'expérience si nécessaire pour éviter à leurs élèves bien des occasions de commettre des fautes et l'habileté de tir si utile pour confirmer pratiquement, chez eux, toutes les qualités qu'ils ont pris soin de développer.

Certes, de toutes les preuves de puissance et de souplesse d'intelligence que le chien puisse donner à l'homme, il n'en est point de plus grande et de plus complète que l'éducation, et surtout celle par laquelle passe tout chien d'arrêt — chien dont les qualités, par nous les plus prisées, sont d'un ordre tout particulier. Mais — nous avons hâte de le dire — la sagacité et la facilité avec lesquelles le chien d'arrêt se plie à la volonté de son maître font bien plus l'éloge de l'élève que du magister; car vraiment, en songeant à tous les contre-sens qu'un chien dressé par à peu-près a subi de la part de son professeur improvisé, on est obligé de convenir que si l'animal, sous certains rapports, n'est pas aussi bien doué que l'homme, il lui est à coup sûr de beaucoup supérieur comme bonne volonté d'apprendre. Aucune raison humaine, en effet, ne supporterait, sans entrer en révolte ouverte, les fausses démonstrations, les ordres contradictoires qu'on lui demande, les unes, de comprendre, les autres, d'exécuter; cependant le chien finit toujours par en saisir le véritable sens et, dès lors, il obéit avec sûreté et célérité tant est vif son désir d'être agréable à celui qui souvent, au lieu d'un maître, est un tyran !

Le dressage illogique, voilà ce qui fait qu'un vrai bon chien d'arrêt est, chez nous, un serviteur très rare et c'est précisément par cela même que nos exigences, en chasse, mettent sans cesse aux prises ses facultés naturelles et ses qualités acquises, que son éducation exige une grande perfection. Nous comprenons que l'on demande tout d'un chien, et nous avons tant de confiance dans l'étonnante intelligence de ce précieux animal, qu'à nos yeux il est susceptible de beaucoup apprendre avec de la patience et surtout avec une méthode judicieuse. Et certainement que, s'il nous est donné de voir si peu de chiens sachant jouer aux dominos, c'est qu'ils sont rares leurs maîtres qui seraient capables de le leur apprendre !

Le manque de méthode qui ressort des manières de dresser, communément employées par nos chasseurs, tel est le côté sous lequel nous voulons tout d'abord envisager l'éducation du chien d'arrêt. On a, d'après elles, soi-disant dressé bon nombre de chiens, mais — nous le répétons — cela fait l'éloge des élèves et non des professeurs ; car, en dépit de leurs errements, si des sujets doués d'une intelligence supérieure de la chasse sont devenus des chiens remarquables et ont fait preuve — à l'occasion — de qualités qui n'avaient pas été même éveillées chez eux, nous affirmons que les dites méthodes de dressage, expérimentées sur une certaine quantité de jeunes chiens, donneraient de si piètres résultats que l'on renoncerait bientôt à s'en servir, non seulement parce qu'elles font des chiens incomplètement dressés mais encore des chiens qui ne le sont pas du tout. Or, nous estimons que toute méthode d'éducation qui ne peut être appliquée que sur la minorité des individus, n'en est pas plus une que celle qui permet qu'un chien, en changeant de main, perde rapidement tous les bénéfices de son éducation. Pour nous, un chien vraiment mis pourra, sous une direction négligente, légère ou même ignorante, ne pas conserver le fini de son éducation, mais il restera quand même dressé.

Par exemple, qu'est-ce que le chasseur français se préoccupe d'apprendre en premier lieu à son élève ? Le chiot n'a pas trois mois que son maître, sous prétexte de le dresser au rapport, l'excite en jouant à saisir de la gueule toute espèce d'engins, gants, bouchons, boules en caoutchouc, etc. ; et si le petit animal, par amusement, remet à portée de la main du professeur l'objet jeté à trois mètres devant lui, c'en est fait, Pyrame est déjà un chien qui rapporte parfaitement! Notez qu'il ne sait pas encore répondre à son nom. Plus tard, ayant remarqué que le dit chiot déchire volontiers gants, mouchoirs, etc. — et il ne peut en être autrement, car il s'amuse et, de plus, le renouvellement dentaire le porte à tout lacérer — on lui jettera des morceaux de bois, des chevalets, une pierre, tout excepté du gibier, la seule chose qu'il doive rapporter et sur laquelle il devrait être dressé! Aussi, qu'en résulte-t-il ? non pas seulement le coup de dent, le mâchonnement, des lubies, etc., mais ce qui est plus grave, l'indocilité au commandement, — comme nous aurons l'occasion de le démontrer plus loin quand nous traiterons du rapport.

Maintenant, à ce jeune chien qui n'est pas encore sorti de la maison, ne voyez-vous pas ce même chasseur demander de *quêter*, dès qu'il le mène dans les champs ? Quêter quoi ? L'élève n'a pas encore eu connaissance d'aucun gibier et on attend de lui qu'il cherche une chose dont il n'a nulle idée. Est-ce assez déraisonnable ? Sans être renseigné sur une plante, soit par son feuillage, soit par son odeur *sui generis*, quel est le botaniste qui consentirait à explorer une plaine pour l'y trouver ? Eh bien ! ce que l'on n'oserait pas proposer à un savant de faire, on le demande, sans la moindre réflexion, à un jeune chien.

Et combien d'autres contre-sens !

Ne voyons-nous pas encore ce même chasseur tenter — au moyen des plus dures corrections — d'exiger que son chien, à dix minutes d'intervalle, ne poursuive pas un lièvre manqué de ses deux coups et qu'il se lance après un autre lièvre tiré de loin et blessé ! Il faut avouer franchement que si nous étions à la place du chien, nous serions fort perplexes dans le second cas, ayant reçu une râclée magistrale dans le premier. En semblable occurence, les sensations cuisantes de la peau influent singulièrement sur les déterminations du cerveau. Pourtant, c'est ce qui arrive tous les jours!

Vouloir faire chanter juste et faux le même morceau, tel est, selon nous, le moindre reproche que l'on peut adresser aux différentes méthodes de dressage préconisées jusqu'ici. Evidemment, c'es t faire l'éloge de toute l'espèce que d'obtenir d'un chien d'arrêt des preuves si disparates de talent, mais comme nous savons que ces virtuoses sont des exceptions, il n'en reste que plus vrai que bien des chiens eussent été de bons auxiliaires avec une éducation plus logique qui n'ont jamais fait que desserviteurs de la plus m édiocre valeur.

De même que l'infériorité de nos races de chiens d'arrêt — résultat du non-savoir autant que de la négligence de nos chasseurs — a décidé beaucoup d'entre eux à demander aux races anglaise s les chiens qui leur étaient indispensables pour chasser, le dressage irrationnel, perpétué par la routine, a induit des amateurs à y substituer la méthode pratiquée ordinairement en Angleterre. Nous rendons hommage— comme c'est notre devoir — à tous les intelligents amis du progrès, mais nous ne pouvons admettre que les propagateurs de cette doctrine nouvelle ne se soient pas trompés en ouvrant cette voie à nos chasseurs, car la différence d'user du chien d'arrêt, en France et chez nos voisins, comporte naturellement celle de son éducation.

En effet, la spécialisation des qualités demandées soit au pointer, soit au setter, simplifie de beaucoup les manœuvres que l'on exige d'eux et facilite singulièrement leur dressage. Bien plus, l'éducation méthodique qu'ils reçoivent, tout en leur permettant d'avoir une grande initiative, partant de développer leurs instincts, ne les expose pas — comme nos chiens d'arrêt — à de graves atteintes morales qui peuvent ébranler leur soumission et même fausser leur intelligence de la chasse.

La nature et le peu de variétés de gibier que ces chiens sont appelés à *quêter* et à *arrêter* sont autant d'aides pour confirmer pleinement, chez eux, ces deux seules qualités qu'on leur demande. Il faut ne pas avoir chassé en Angleterre pour ignorer que le grouse, la perdrix grise et le faisan — ce dernier quand la plaine offre encore des couverts — sont les seuls gibiers à la chasse desquels les races de chiens *dites d'arrêt* sont exclusivement employées. Sous ce rapport, le dresseur anglais est si prudent et même si intransigeant — passez-nous ce mot — que tout gibier qui n'a pas des allures franches, comme la perdrix rouge, par cela même qu'il peut rendre le chien moins droit d'arrêt ou musard en le forçant à se replier, serait jugé par lui dangereux et par conséquent à éviter. Lorsque le faisan, ne trouvant plus à vivre en plaine, s'est retiré dans les remises boisées pour y ramasser les

baies des buissons, quand la bécasse s'est canton-
née, c'est le cocker qui sera chargé de faire lever ces
deux beaux gibiers. Mais nous, avec nos chiens,
nous avons chance de rencontrer dans les champs,
au fourré, au marais — parfois le même jour —
des gibiers si différents de nature et dont la défense
est si variée qu'ils exigent de notre unique auxiliaire des qualités développées à un tout autre degré et dans un tout autre sens.

La façon seule de chasser chacun de ces gibiers
suffirait déjà amplement pour justifier que l'éducation du chien d'arrêt, en France, ne peut être en
tous points semblable au dressage mis en pratique
en Angleterre, si une qualité — le rapport — sans
laquelle il n'est pas un seul chien d'arrêt d'éducation complète aux yeux de nos amateurs, ne venait
encore creuser plus profondément la ligne de dé-
marcation qui sépare les deux méthodes.

Or, pour tout homme de chasse sérieux, il ne
saurait être douteux que si le chasseur anglais, au
moyen de la soumission parfaite, a dominé — par
le sifflet et par le signal du bras levé — ses chiens
dans toute la fougue de leur quête à grande distance, il n'a jamais voulu amoindrir leur fermeté
d'arrêt en permettant à ses pointers ou à ses setters
de toucher des lèvres le gibier tué, en d'autres
termes, de le rapporter. C'est parfaitement logique,
mais cela n'est pas pratique pour nous. Au chien

d'arrêt anglais — resté immobile avant comme après le départ de l'oiseau — il est absolument refusé le plaisir de prendre et remettre dans la main du tireur, cette même pièce découverte et indiquée par lui, ainsi que le font, avec tant de joie et de fierté, tous nos chiens heureux de jouir, eux aussi, de la possession du gibier. Au point de vue de la valeur morale, on ne saurait nier que le chien qui plie son intelligence de manière à rendre des services très dissemblables ne se montre supérieur à son congénère, mais il en découle d'autres conséquences. En effet, si, d'un côté, le pointer ou le setter ne forcent jamais l'arrêt, tellement cette qualité est confirmée autant par hérédité que par dressage, d'autre part, ils ne peuvent nécessairement avoir ni le goût ni l'ardeur de retrouver et de rapporter la pièce démontée et il leur faut une éducation tout autre que celle qu'ils ont reçue eux et leurs antécédents pour les faire, chez nous, chiens aptes à bien rapporter.

La logique qui préside à la méthode anglaise n'est pas sa plus grande aide; le sentiment de la nature du chien, tel est son principal élément de succès, et, pour être juste, nous ne pouvons en faire honneur seulement à la doctrine mais bien au caractère de ceux qui l'enseignent.

C'est une vérité banale que nous répétons en disant qu'en Angleterre, on aime tous les animaux et particulièrement le cheval et le chien. Pour comprendre leurs instincts et leurs façons d'être, on étudie, on commente, on explique leurs moindres actions ainsi que les mobiles qui ont pu les y déterminer. On cherche constamment à s'identifier à eux. De là, tant de merveilleux progrès accomplis non seulement dans le façonnage de leurs races, mais dans leur maniement pour tous les besoins comme pour tous les plaisirs.

Malheureusement, chez nous, c'est le contraire. Notre esprit léger, frivole, dédaigne d'observer et de reconnaître. On regarde mais on ne voit pas. Ce qui est une grande satisfaction intellectuelle pour un dresseur anglais qui a saisi le penchant sous l'impulsion duquel son élève a montré tel ou tel agissement, n'est pour le chasseur français qu'une futilité qui, la plupart du temps, passe inaperçue de lui et dont il ne tient pas compte. Aussi, ne pouvons-nous, en toute justice, donner le titre de dresseurs à ces pauvres serviteurs — — d'ordinaire, nos gardes — à qui sont confiés le plus grand nombre de nos jeunes chiens d'arrêt. Ils ne les *dressent* pas, ils les *domptent* et c'est tout ce qu'ils peuvent faire ; car, non seulement ils sont insuffisants par leur instruction pour une besogne aussi délicate, mais ils n'ont même pas le bénéfice de ce bon sens naturel et de cette aménité de caractère que tout anglais déploie dans le commerce des animaux. Or, en France, si l'esprit court les rues — comme il est convenu de le dire — il faut croire que le bon sens a des allures moins vagabondes et qu'il vit plus retiré, car on ne les rencontre pas souvent côte à côte, même à la campagne !

Nous avons chassé au nord, à l'ouest, au sud, à l'est, au centre de notre pays, et certes nous avons rencontré un peu partout des hommes de chasse de la plus grande valeur, mais nous n'en avons reconnu que quelques-uns possédant — outre le mérite d'être parfaits chasseurs — cette admirable faculté développée à un haut degré, comprendre le chien. C'est la plus précieuse, chez l'amateur qui a cure de faire lui-même l'éducation de son ou de ses chiens, car elle lui permet non seulement de deviner les inclinations si diverses de l'élève mais de diriger, d'après elles, sa nature si mobile.

Un caractère humain, froid, patient, persévérant, tel doit être celui du dresseur.

N'oubliant jamais qu'il a devant lui une créature intelligente et dévouée à l'homme, sachant apprécier si telle ou telle de ses actions mérite soit de l'indulgence soit une réprimande, le véritable éducateur, tout en exigeant de son élève le respect des ordres donnés, sait se concilier sa confiance. Il ne saurait être doux ; au contraire, il est sévère de maintien autant que de parole, et, s'il faut punir, il corrige, mais il ne maltraite pas.

Ce n'est pas en rossant à outrance un jeune chien, en lui cassant des fouets sur le corps et, à leur défaut, en usant du poing et du pied, qu'on le châtie. Nous savons que ces derniers et indignes moyens ne viennent à l'idée que du chasseur en proie à la plus violente colère, mais ce sont eux qui portent l'animal à se défendre, car il se voit accablé de coups comme par un ennemi qui en voudrait à sa vie. Alors, il entre en révolte ouverte. Il oublie la faute pour laquelle il est ainsi torturé et ne pense plus qu'à se venger de ses souffrances. Et quand délivré enfin des brutalités de son maître qui s'essuie le front et tremble encore de fureur, le malheureux animal tourne autour de lui en le regardant de côté, nous n'avons pu souvent nous empêcher de prêter au chien ce langage : méchant ! bourreau que tu es !

Du reste, après la faute commise, il suffit de regarder le faire d'un chien pour savoir sûrement si la main qui l'a soi-disant dressé ou même celle qui le mène d'habitude, est humaine ou cruelle. Dans ce dernier cas, le chien reste sourd à l'appel, se tient à distance craignant d'obéir, et honte alors au chasseur qui, pour saisir sa victime, prend les intonations de voix les plus douces mais les plus traîtresses pour la décider à venir et pouvoir enfin décharger sur elle son impitoyable colère souvent provoquée par sa seule maladresse! Ah! c'est un spectacle déshonorant et qui rend indigne du nom d'homme celui qui s'abaisse à ce degré!

Savoir corriger un chien, ou savoir mesurer le châtiment à la faute, est une des choses les plus délicates de son éducation. Aussi, jamais un homme dur, nerveux ou emporté, ne sera-t-il un dresseur. Il pourra dompter un chien, mais il ne le dressera jamais, car la véritable éducation ne consiste pas seulement à obtenir quand même d'un chien ce qu'on lui demande, mais à ce que, tout en se pliant à votre volonté, l'animal s'abandonne avec sécurité à votre direction et déploye toutes les finesses de son intelligence de la chasse. En un mot, il ne faut pas que le chien accomplisse son travail en mercenaire, en esclave tremblant, mais en serviteur heureux de faire une besogne qui est sienne et qu'il aime avec passion.

La patience et la persévérance sont également des vertus bien nécessaires à qui veut faire l'éducation d'un jeune chien.

Plus l'élève est jeune moins son intelligence est ouverte, sans compter que jouer sans cesse — inclination de tout animal en bas âge — la fait moins disposée à accepter un enseignement quelconque. Pour que le jeune chien comprenne et retienne ce qu'on veut lui apprendre,

il faut donc attendre patiemment que son intelligence et sa mémoire soient développées. Mais,
ce n'est pas tout. Quand l'on démontre à un enfant
la moindre chose, il est de règle de la lui expliquer
plusieurs fois afin de s'assurer qu'il a compris.
Avec votre élève, c'est par la répétition patiente et
persévérante de la leçon que vous l'amènerez à saisir et à exécuter votre volonté. Combien de chasseurs dressant eux-mêmes leurs chiens agissent
ainsi vis-à-vis d'eux ? Et cependant, les pauvres
animaux n'ont pas le secours d'interpréter rapidement leur langage. Souvent, sans même donner
au jeune chien le temps de comprendre, n'est-il
pas embrouillé par une foule de mots dont il
ne peut saisir le sens et dont il confond l'into-
nation?

Enfin, une autre condition non moins impor-
tante pour mener à bien l'éducation du jeune chien,
c'est de pouvoir le mettre sans cesse en présence
du gibier et de beaucoup de gibier.

Le contact incessant du gibier, en réveillant la
dominante du chien — la passion de la chasse —
développe rapidement son intelligence, et c'est un
moyen également précieux d'assouplir en peu de
temps votre élève, de le rendre froid, prudent à la
vue du gibier et de l'habituer à le *couler* ou le suivre. Plus un chien est entreprenant et généreux de
nature, plus il faut le jeter au milieu du gibier et,

pour ainsi dire, l'en griser. Cela seul parfait son éducation. Malheureusement, il est privilégié le chasseur qui tient à sa disposition cette ressource indispensable. Pour celui qui ne peut mener son élève que dans une plaine où le gibier est peu abondant et surtout fuyard, ce qui impatiente un jeune chien ardent et lui fait commettre des fautes, la besogne n'est pas toujours couleur de rose.

Dans l'éducation du chien d'arrêt, comprendre n'est rien, exécuter est tout. Aussi, tout en appréciant avec justesse la valeur des principes qui guident le dresseur, bien des chasseurs n'auront point la « main » qui le distingue. Ils saisiront parfaitement la déduction d'un enseignement progressif, mais ils n'oseront point opérer sans crainte de manquer leurs élèves, ce qui est bien plus grave que de ne les point dresser du tout. Sans compter qu'il est indispensable d'avoir des loisirs pour se consacrer à une telle besogne ainsi que la possession ou la jouissance de terrains de chasse bien engiboyés, une attention soutenue, une surveillance étroite des moindres agissements du jeune chien, telle est et telle doit être la préoccupation constante du dresseur pour deviner à temps les inclinations bonnes ou mauvaises de l'élève, développer les unes ou annihiler les autres.

Eh bien ! maintenant que nous avons fait ressortir — nous le croyons — toutes les difficultés de l'entreprise, est-il beaucoup de chasseurs capables de les aborder et certains de les surmonter? Que ceux qui ont la conscience de posséder toutes les rares qualités que nous avons énumérées et qui sont dans les conditions énoncées plus haut, entreprennent cette tâche et nous leur garantissons de véritables satisfactions d'intelligence. Quant à ceux qui doutent d'eux-mêmes, qu'ils y renoncent. C'est le meilleur conseil que nous puissions leur donner.

Aussi, ne saurions-nous trop engager le chasseur qui a besoin d'un bon chien — et le cas n'est pas rare — de ne pas s'occuper de cette tâche difficile autant que délicate, qui occupe bon nombre de journées de chasse où les fautes du jeune chien — pour être corrigées avec profit — doivent imposer au chasseur le sacrifice du plaisir qu'il prise avant tout — tuer du gibier. Pour lui, dès lors, n'est-il point cent fois préférable de payer un bon prix le chien reconnu parfaitement mis et prêt à entrer en service? Il reconnaîtra bien vite que c'est la seule manière de se procurer un excellent et agréable auxiliaire et d'éviter de nombreux déboires et bien des pertes d'argent. C'est aussi, pour lui, le moyen — non moins honorable que facile — de concourir à la propagation des meilleures races.

Nous ne saurions donc être partisan d'acheter

aux éleveurs des chiots ou des puppies même à des prix qui, au premier abord, peuvent paraître avantageux, mais qui, en réalité, sont les plus fallacieuses dépenses; car, un tout jeune chien est sujet à tant de vicissitudes, son élevage est d'une si chanceuse réussite, que c'est jouer gros jeu de débourser une somme d'argent qui, — si elle eût été doublée, — vous aurait mis en possession d'un chien fait, d'un chien dont l'éducation, pour être accomplie, n'exige plus que l'habile et fréquent exercice de votre plaisir favori.

CHAPITRE II

DES QUALITÉS DU CHIEN D'ARRÊT

De l'Intelligence.

L'intelligence — l'obéissance — la quête — l'arrêt — le rapport — sont les qualités qui font — du chien d'arrêt — le type d'un chien spécialement doué en vue de la chasse au fusil, en plaine, au fourré et au marais.

Toutes ces qualités — comme leur analyse le prouvera — sont innées, et, si certaines d'entre elles ont été perfectionnées à un degré tout particulier dans les races qui sont nos auxiliaires les plus habituels pour chasser, c'est en élargissant ou en restreignant l'exercice de telles ou telles de leurs aptitudes naturelles que l'homme y a réussi.

Malgré que le chien d'arrêt et le chien courant possèdent des qualités qui leur sont communes, les services que nous demandons à l'un et à l'autre sont si différents que leur situation à nos côtés ne saurait être la même. De l'un, en effet, nous exigeons qu'il trouve, indique et ne saisisse le gibier que selon notre volonté, tandis que de l'autre, nous attendons qu'il le quête, le lance et le poursuive, en donnant libre carrière à toute sa sagacité, à toute son énergie. Le chien d'arrêt, avant tout, est donc un chien à commandement, c'est-à-dire chassant pour son maître et non pour lui-même comme le chien courant.

A la vérité, leur besogne si dissemblable qu'elle soit, n'exige pas moins de tous deux la force du tempérament et la vigueur, car, tout en reconnaissant qu'elle est plus régulièrement dure pour le chien courant que pour le chien d'arrêt, il est incontestable que ce dernier franchit, dans sa quête d'un jour, de si énormes distances que l'un et l'autre doivent être dotés de la même puissance physique. Néanmoins, il faut bien en convenir, — dût M. Prudhomme s'écrier encore : « O civilisation ! voilà bien de tes coups ! » — l'ensemble des qualités dont nous avons doué le chien d'arrêt est tel qu'il risquerait fort de mourir de faim si notre main le rendait tout à coup à l'état sauvage, tandis que le chien courant, par la raison que nous ne lui demandons que ce qu'il ferait s'il redevenait libre, serait bien plus en état de pourvoir à ses besoins.

Est-ce mû par un sentiment de justice que l'homme, ayant conscience d'avoir à son profit rendu une créature inférieure à elle-même, a fait près de lui une place meilleure au premier qu'au second? Ou bien n'a-t-il obéi tout bonnement qu'aux suggestions de l'égoïsme lui conseillant de tenir celui-ci plus près de sa main que celui-là, sous peine de perdre le bénéfice de toutes les qualités spéciales dont il l'avait doté. Nous ne saurions en décider. Toujours est-il que le chien d'arrêt, en flattant le cœur de son maître par son obéissance supérieure, son affection presque humaine, ses instincts aimables, en ravissant son esprit par des traits étonnants de sagacité, en partageant étroitement ses fatigues comme ses plaisirs, est bien digne de toute sa sympathie et de tous ses bons soins.

Du reste, le commerce habituel de l'homme sera toujours le plus puissant aide pour exhausser l'intelligence, du chien et l'on peut affirmer que la délicatesse de ses facultés intellectuelles est en raison directe de sa cohabitation avec nous. Le chien du contrebandier ou celui du braconnier — fraudeurs *ejusdem farinæ* — en sont des preuves d'autant plus remarquables que ces marrons de l'espèce canine se montrent invariablement — en ruses comme en audaces — de beaucoup supérieurs à leurs professeurs de rapine. Mais, à aucun chien

de chasse, le contact du maître n'est aussi nécessaire qu'au chien d'arrêt, car l'exercice de toutes
les qualités dont il est désirable qu'il soit doué réclame tant de souplesse d'intelligence, tant de
bonne volonté, que c'est une faute de le priver
d'être en communication fréquente avec lui.

La réunion constante des chiens d'une meute,
dans la même chambre, n'est pas le moyen le moins
pratique de grandir chez eux le goût de chasser
toujours ensemble ou bien ameutés. L'habitat, dans
des chenils séparés, leur serait préjudiciable à ce
point de vue, et, à plus forte raison, l'isolement.
La solitude est abrutissante pour un animal tel que
le chien dont l'intelligence est, en quelque sorte,
comme une flamme qui ne s'éteint jamais, et il est
traité en mâtin le chien d'arrêt — celui de tous nos
auxiliaires le plus sociable — quand on le met à la
chaîne et qu'il est privé, au détriment du jeu de ses
meilleures qualités, soit de la compagnie de son
maître, soit de la société de ses semblables.

Evidemment, les habitudes autant que les exigences de la vie ne permettent pas à tout chasseur
de faire de son ou de ses chiens d'arrêt des hôtes
assidus de la maison, mais sans qu'ils soient des
commensaux habituels — comme tant de chasseurs
s'en donnent le plaisir — ils peuvent toujours à
notre gré être confinés et rendus à la liberté, en
sorte que leur présence n'est point gênante mais

devient agréable, comme tout ce qui vient à l'heure où nous le désirons.

La confiance et l'affection que le chien d'arrêt éprouve à l'égard de son maître lui sont absolument nécessaires pour disposer pleinement de son intelligence; sans elles, la crainte le domine et alors, dans ses actes, il se montre ou méfiant ou maladroit. En pareille occurrence, l'homme est toujours sot; c'est un désavantage, entre bien d'autres, qu'il a sur le chien! Ce sont surtout les chiens de grande race, animaux d'une nervosité excessive, qui témoignent de ces sensibilités d'organisme. Tout chasseur-dresseur doit donc s'appliquer à ce que le chien se fie à lui et l'aime pour tirer le le meilleur parti de sa prodigieuse intelligence. Nous sommes liés d'amitié avec un grand chasseur qui est si soucieux d'entretenir, chez ses chiens d'arrêt, ces deux sentiments qui les portent à obéir pour plaire, qu'il se donne toujours la peine d'aller lui-même ouvrir la porte de leur chenil, mais ne les y referme jamais de sa main. L'air malheureux de ces excellents serviteurs — quand le moment est venu de se séparer du maître pour retourner au banc— offre un contraste aussi curieux qu'instructif avec la reconnaissance si vive qu'ils ont témoignée de lui devoir leur liberté.

Comme nous le prouvent les chiens dits *savants*, soit en traversant des cerceaux garnis de papier de soie, soit en se tenant en équilibre sur une seule patte, etc., l'intelligence du chien peut — sans l'aide des facultés olfactives — donner des preuves merveilleuses de souplesse comme de pénétration, et, de fait, elles n'ont rien à voir dans pareille besogne.

Mais, en chasse, la puissance du flair est indispensable à l'exercice parfait de l'intelligence qui, sans la finesse des perceptions de l'odorat, ne pourrait ni comprendre ni déjouer les ruses du gibier. Aussi le chien qui manque de nez ne peut-il être en plaine, au fourré ou au marais, un utile auxiliaire.

La subtilité du sens odoratif a donc une importance capitale, et, pour tout chasseur sérieux, seules les races les mieux douées sous ce rapport en ont la possession la plus régulière et la plus constante. Car, s'il est indubitable que le volume de l'organe ainsi que sa forme sont des signes indicateurs du développement de la membrane olfactive, il n'en est pas moins vrai que bien des chiens — malgré qu'ils aient le nez gros, large, ouvert — sont des flaireurs médiocres, parce que, chez leurs ascendants, les facultés odoratives n'ont point été suffisamment exercées ou entretenues pour être préservées de la dégénérescence qui atteint fatalement toute qualité non cultivée.

Telle est la raison pour laquelle la plupart de nos

races d'arrêt sont aujourd'hui inférieures comme finesse de nez. La rareté du gibier devenue à peu près générale dans nos pays, en décourageant le chasseur de les explorer aussi souvent que par le passé, a tellement amoindri le service du chien d'arrêt que ses qualités physiques ou morales ont peu à peu perdu leur délicatesse, partant leur plus réelle valeur.

Dans la pensée de bien des chasseurs, l'intelli·gence et le nez — chez le chien de chasse — sont si intimement liés que la puissance du flair est, pour eux, synonyme d'intelligence. Cette opinion est d'autant plus vraisemblable que jamais un chien courant ou d'arrêt n'a été remarquable chasseur sans être chien de haut nez, mais elle n'est pas rigoureusement exacte.

Comme le sait tout homme qui a fait ses humanités, les sens de l'odorat, de la vue, de l'ouie, etc., ne sont que des agents au service de l'intelligence. Évidemment celle-ci est puissamment aidée ou desservie selon que les sens — en vertu de leur propre pénétration — lui fournissent de bons ou de mauvais renseignements, mais il ne faudrait pas en conclure que tout chien fin de nez est un chien forcément de haute sagacité. Les opérations de l'intelligence et celles des sens sont parfaitement distinctes, comme le prouvent clairement et les chiens qui ne peuvent se servir de leur odorat paralysé par la chaleur, le vent ou la gelée, et ceux qui, par leur manière toute différente d'arrêter, nous indiquent qu'ils ont devant eux soit un lièvre, soit une perdrix, soit une caille, etc. Dans le premier cas, leur intelligence supplée à l'insuffisance de leur nez, et, dans le second, elle en complète l'exercice.

En revanche, le pouvoir du flair peut être supérieur à celui de l'intelligence, en d'autres termes, la subtilité du sens de l'odorat peut fournir à l'intelligence des perceptions qu'elle interprète avec plus ou moins de sagacité. Autrement, verrions-nous des chiens, les uns, frappés d'immobilité d'instinct devant le gibier, les autres faire de faux arrêts ?

Le chien qui marque d'un arrêt la place abandonnée par le gibier pas plus que celui qui arrête l'alouette malgré qu'il ait été gourmandé, ne sont des chiens qui manquent de nez, car ils prouvent qu'ils ont connaissance, le premier, d'émanations évidemment bien plus légères que celles qui s'échapperaient de ce même gibier s'il était resté à l'endroit où il a séjourné, le second, de la senteur d'un oiseau bien moins odorante que celle d'une caille, d'une perdrix. C'est par médiocrité ou légèreté d'intelligence et non par défaut de nez, que ces chiens nous donnent de fausses indications. En un mot, leur intelligence n'est pas assez déliée pour comparer et juger à bon escient, comme le fait le chien également bien doué sous le rapport de la sagacité et de l'odorat. En effet, ce dernier comprend si bien — non seulement que la senteur du gibier n'est pas la même que celle d'un oiseau quelconque, mais encore que cette senteur est variable selon que le gibier est devant lui ou n'y est plus — qu'il indique sûrement au chasseur ces différences en fouaillant seulement la piste qui ne vaut pas, mais en n'arrêtant jamais ferme. Il ne se trompe point.

C'est en faisant voir et sentir au chien d'arrêt un gibier quelconque que l'on dispose son intelligence à le quêter, l'arrêter et le rapporter. Ainsi s'expliquent et le manque de fermeté d'arrêt du jeune chien sur la première bécasse ou la première sauvagine dont la senteur frappe son odorat et sa solidité sur l'alouette quand son chasseur — volontairement ou inconsidérément — a tiré devant lui cet oisillon et le lui a fait rapporter plusieurs fois. Désormais, c'est pour lui du gibier !

Le parfait équilibre des facultés intellectuelles et des facultés olfactives, voilà, d'après nous, ce qui fait les vrais bons chiens et l'on ne peut se rendre compte autrement des défaillances, soit d'intelligence chez le chien qui fait de faux arrêts, soit de nez, chez le chien usé par l'âge.

Du reste, nous posons en principe qu'il n'est pas

deux chiens courants ou d'arrêt qui soient doués
d'une même puissance de sagacité ou d'odorat.
Dons naturels ou facultés agrandies par l'exercice,
ces qualités si précieuses sont plus ou moins développées chez tous les individus d'une même race;
et, parmi les chiens d'une même famille, on a pu
remarquer que les uns sont courts de nez ou arrêtent le gibier de trop près — que d'autres, tout en
reconnaissant que le gibier est en mouvement devant eux, n'ont point l'intelligence de mener le tireur droit dessus; — que ceux-ci, en dépit de leur
finesse de nez, ne seront jamais de rusés chasseurs;
— enfin que ceux-là sont particulièrement habiles
à chasser tel ou tel gibier, etc.

Nous avons pris plaisir, plusieurs fois, à obser-
un épagneul de race innommée dont le faire attes-
tait une singulière intelligence de la chasse. Le
garde qui le menait d'habitude — pour être agréable à son jeune maître, lycéen de quatorze ans
mais déjà enragé poudrailleur — faisait arrêter à
son chien grives et merles qui, à l'époque des se-
nelles, se tiennent en grand nombre au fort des
traînes. Le chien, comprenant mieux que l'homme,
que les oiseaux qu'il pointait s'éloignaient, en voletant à travers la haie, sans essuyer le feu de l'ap-
prenti-Nemrod — aussitôt l'ordre donné de battre
une traîne — partait au galop courant parallèlement à la clôture mais loin d'elle, et il allait jusqu'à

son extrémité, puis là, il la traversait et revenait sur le chasseur, faisant ainsi s'envoler — comme un rabatteur, — tous les merles et toutes les grives à belle portée.

La puissance de l'intelligence et celle du flair sont donc chez le chien de chasse, des dons individuels, mais, à proprement parler, il n'est pas un seul sujet de nos variétés dites d'arrêt à qui le nez fasse absolument défaut pas plus qu'au chien d'une race quelconque. Quant à celui qui possède au plus haut degré la subtilité de ce sens, c'est le chien dont chacun de nous a rêvé bien des fois la possession et le chasseur qui a eu le bonheur de le rencontrer en a toujours gardé un grand souvenir, parce qu'il a été à même de reconnaître qu'un si précieux auxiliaire est *rara avis*, l'oiseau rare !

De l'Obéissance.

L'obéissance, chez le chien d'arrêt, est la pre-mière de ses aptitudes naturelles à cultiver. Sans l'obéissance absolue et immédiate aux ordres, rien n'est moins assuré que le parfait exercice, au pro-fit du chasseur, de toutes les autres qualités de l'animal.

Il est incontestable que le chien possède en lui-même le sentiment de l'obéissance, car la soumis-sion dont il donne des preuves, dès son plus jeune âge, n'est que le désir instinctif qu'il a d'obéir.

Il nous appartient donc de développer cette qualité primordiale par laquelle il se révèle à nous comme l'animal le plus supérieurement doué de tous ceux qui vivent à l'état domestique. Une fois dressé, en effet, il exécute avec une sûreté et une précision merveilleuses non seulement tous les or-dres donnés de vive voix, mais encore tous ceux qu'il reçoit par des signaux. A lui seul est appli-cable, dans toute son exactitude, cette expression

« obéir au doigt et à l'œil » tellement est surprenante sa vocation pour l'obéissance. Bien plus, il est si heureux d'obéir que, dans ses yeux intelligents autant qu'affectueux, on peut lire le désir, la sollicitation des ordres.

Le dressage à l'obéissance — indispensable pour que le chien d'arrêt exécute les diverses manœuvres que nécessite la chasse — est une tâche plus ou moins ardue selon le caractère aimable ou difficile, le bon ou mauvais vouloir des élèves. Souvent, chez ceux dont la nature a été faussée de longue date soit par des rapports inintelligents, soit même par de mauvais traitements, ce n'est pas une mince besogne. Mais, en général, si nous voyons, en chasse, peu de chiens vraiment obéissants, c'est la faute du chasseur, car un chien ne sera jamais attentif à un ordre ni respectueux de l'exécuter sur-le-champ, sans avoir été façonné à l'obéissance par une main bienveillante mais sûre et ferme.

Il va de soi que tous les individus appartenant à des races de haute valeur, sauf quelques exceptions, sont chiens plus intelligents, plus souples et plus faciles à dresser que tous ces malheureux êtres nés du métissage irréfléchi auquel s'abandonnent trop volontiers nos chasseurs. Néanmoins, s'il est ordinaire que tous les animaux de sang distingué soient aussi bien doués au point de vue des qualités morales que sous le rapport des qualités

physiques, le caractère, chez le chien, est particulièrement difficile à fixer dans une famille, à plus
forte raison dans une race, surtout si elle a été
créée au moyen de divers courants de sang étrangers, comme le pointer notamment. Que dans les
formes de ce type, l'on retrouve aisément certaines
lignes du grey-hound ou du bull-dog, son caractère
est d'une répétition si variable que l'animal nous
montre tantôt l'humeur aimable, enjouée et distin-
guée du lévrier, tantôt celle morose, difficile et
même canaille du bull-dog.

En tout cas, la soudaine exécution des ordres
n'appartient qu'aux sujets doués d'une grande
nervosité, et jamais un chien mou, lymphatique,
n'obéira avec la célérité pour ainsi dire électrique
du chien ayant beaucoup de race. Quel est le chasseur qui n'a point vu ces chiens si vifs à obéir tour-
ner sur place dans leur galop rapide — au coup de
sifflet du maître — à croire qu'ils vont se casser en
deux, ou bien — au bras levé — s'arrêter et tomber sur le sol comme frappés de [la] foudre ? Ces
façons n'indiquent pas seulement, croyez-le bien,
le sang généreux de la race mais aussi la puissance
de la main du dresseur qui sait commander et se
faire obéir.

Dès l'âge de trois mois, les chiots, d'après leur
manière d'être, fournissent déjà quelques indices
sur le caractère qu'ils afficheront plus tard. Les

timides resteront des timides à la condition que la main qui les soigne sera douce, patiente et jamais brutale, autrement ils deviendraient sauvages. Les hardis, au contraire, seront insoumis et même enclins à se révolter sous une direction brusque et inintelligente. La bonne ou mauvaise volonté avec laquelle le jeune chien se façonne à la soumission est toujours un renseignement pour obtenir de lui, plus tard, l'obéissance la plus entière au moyen du dressage; mais on y est bien aidé par les bons traitements sous l'influence desquels a grandi le chiot au chenil d'élevage ou dans la maison de son maître.

Pour déterminer votre élève à obéir, nous n'admettons pas plus la câlinerie et l'usage des friandises que la violence et les moyens de torture. Ces deux systèmes sont également bons à mettre dans le panier. Montrez-vous toujours bon, mais sans exagération dans vos témoignages de bonté. Sans être dur, soyez sévère, calme, toujours digne. En un mot, que le chien — et il vous devine comme le plus fin diplomate — comprenne que vous êtes le maître partout et toujours. Bien plus, cachez-lui que vous êtes son meilleur ami.

Que l'on flatte les appétits d'un jeune limier ou d'un jeune chien courant en lui procurant des « jouissances de gueule », cela se comprend, car les moyens dans ce cas, sont appropriés aux services

que nous sommes dans l'intention de leur demander; mais, qu'à l'instar du dresseur anglais, l'on
convertisse ses poches en sacs de pâtisserie pour
en gaudir le palais d'un jeune chien d'arrêt, cela
nous semble une erreur aussi complète que celle
de ce chasseur qui, après avoir fait rapporter par
le jeune *Stop* un gras morceau de lard, le lui donne
à savourer comme récompense de ses travaux!
Sûr d'y trouver son compte, Stop, parbleu! est
bien trop intelligent pour ne pas exécuter vos ordres avec plaisir, mon brave homme; mais plus
tard, si, pour avoir mis la dent à travers une caille
rondelette — histoire de reconnaître si c'est plus
fin que du lard — le dit Stop reçoit... une raclée
au lieu de la récompense qu'il espère, croyez-vous
que votre élève n'aura pas le droit de vous prendre
pour un farceur ou un original! Ah si! Il faut être
logique. Pourquoi vous êtes-vous servi de sa gueule
autrement que comme d'une main? Le point le
plus important pour vous, c'est qu'il n'offense pas
de la dent le gibier qu'il sera allé chercher, n'est-ce
pas? Alors à quoi bon lui apprendre à se délecter
de friandises à mesure qu'il les rapporte? C'est là
encore une des différences du dressage à l'anglaise comparé avec le dressage à la française.

Savoir faire comprendre au jeune chien un ordre quelconque et obtenir qu'il y obéisse docilement est chose beaucoup moins facile que l'on ne

pense, et si peu de chasseurs y réussissent, c'est
que, sans avoir suffisamment éclairé l'intelligence
de l'élève, ils ne se préoccupent que d'obtenir, par
la force brutale, ce qu'ils lui ont demandé de faire;
en cela, ils dépassent le but. Le jeune chien tremblant de frayeur ne se montre plus assoupli, mais
assujetti, voire même abruti.

Car, ce n'est point en forçant votre élève à se
soumettre au moyen de la rigueur seule que vous
obtiendrez de lui cette obéissance parfaite que l'on
admire chez tout chien vraiment bien mis. Détrom-
pez-vous. Il faut que votre jeune chien soit confiant et heureux d'exécuter un ordre. La perspica-
cité aussi prompte qu'infaillible avec laquelle le
chien interprète non seulement les sentiments que
notre voix trahit à son endroit, mais encore saisit
l'expression bienveillante ou colère de nos attitudes, est une preuve merveilleuse de la finesse
de ses facultés morales.

N'est-ce pas dire que nous réprouvons haute-
ment et avec énergie toutes ces « volées, râclées,
piles, violonnées, etc., etc. » et autres corrections
dont trop souvent usent et même abusent des
chasseurs munis de fouets, de lanières, de cannes,
etc. Tous ces engins de châtiment doivent être à
jamais considérés comme indignes d'un vrai chasseur. C'est de leur fait que tant de chiens, ayant
perdu toute confiance en leurs maîtres, refusent

d'obéir à sa voix, bien plus, ne veulent plus s'approcher de sa personne tellement ils la tiennent en suspicion de mauvais traitements ! Et après cela, l'on s'étonne que ces malheureux êtres, abrutis de coups, ne montrent plus ni intelligence ni bonne volonté, mais nous ne sommes étonné que d'une seule chose, c'est que beaucoup, dégoûtés à jamais de chasser, ne plantent pas là leurs propriétaires pour retourner à la maison !

La violence du langage et celle des manières sont de déplorables moyens. Le langage ferme, la netteté des ordres, peuvent seuls engager le jeune chien à obéir en toute confiance, c'est-à-dire sans appréhension aucune. Pour ne point affaiblir ce sentiment chez l'animal, il faut ne pas compromettre le commandement soit en le faisant mal comprendre, soit en exposant le chien à l'éluder. Il se peut que votre élève n'ait pas entendu l'ordre, de même qu'il peut bien feindre de ne pas l'entendre, ce que nombre de jeunes chiens font quand ils sont loin du maître. Leur attention est si entièrement absorbée par la vue du premier objet qui leur est inconnu qu'ils deviennent momentanément sourds aux ordres. C'est par la surveillance continuelle et la fermeté que l'on réprime peu à peu tous ces écarts. Mais, croyez bien que des chiens ayant fait une faute ou craignant d'en avoir fait une — s'ils n'osent venir au maître quand il les réclame — c'est que la crainte, chez eux, dépasse de beaucoup le désir d'obéir, et, par le fait, ils commettent un acte de désobéissance en n'osant pas exécuter l'ordre, mais c'est leur excuse. L'indulgence ainsi que la plus judicieuse délicatesse de main du dresseur peuvent seules faire disparaître la défiance chez un jeune chien.

Plus votre élève est ardent et plus il est entraîné, par la chaleur de son tempérament, à des incartades. Il vous appartient de mettre l'animal en position de ne point faire de ces fautes qui l'enhardiraient bientôt à prendre des libertés qu'il vous serait ensuite impossible de ne pas réprimer au moyen de la rigueur. C'est en cela que consiste la grande habileté du dresseur. Car, avec les chiens de race, chiens toujours beaucoup plus susceptibles et plus fiers que les autres, il faut que la dureté fasse place à la patience, sans quoi ils sont bien vite dégoûtés d'obéir. La jeunesse est la jeunesse et ce n'est qu'avec le temps, l'habitude d'exécuter le commandement, l'exercice physique, que le chien devient calme, sage et souple.

Devant la fougue du tempérament, déployez donc de l'indulgence — tout en indiquant bien à l'animal qu'il ne doit pas s'y abandonner — et, pour ce, il n'est pas un meilleur moyen que de le garder à portée de votre main. La sévérité et la rigueur ne doivent avoir à lutter que contre l'entêtement, les caprices et l'insoumission. C'est par la persévérance à faire prévaloir votre volonté que vous habituerez votre élève à céder promptement.

Pour se faire comprendre d'un jeune chien, il est trois moyens : 1° la répétition de ce que l'on désire lui enseigner ; 2° la récompense quand il a exécuté ce qui lui est commandé, et 3° la punition quand, convaincu d'avoir compris, il s'obstine à ne pas obéir.

Sur cent chasseurs qui s'occupent de dresser eux-mêmes leurs jeunes chiens, il en est bien peu qui se souviennent, à l'heure de la leçon, qu'il est déraisonnable de demander à un animal — non dressé et si intelligent qu'il soit — d'exécuter à la parole un ordre quelconque. A les voir faire, on dirait que leurs élèves doivent non seulement entendre le français, mais comprendre la signification de chaque mot. C'est de l'irréflexion au premier chef. Sans compter qu'un jeune chien, par suite de l'appréhension dont il ne peut se défendre lorsqu'il ne sait pas encore ce que l'on exige de lui, peut être lent à comprendre, il est de première nécessité, pour que l'animal saisisse ce qu'on lui demande de faire, de le lui expliquer bon nombre de fois. Maintenant qu'il l'exécute ou non, caressez-le dans les deux cas, d'abord, pour l'applaudir d'avoir obéi, ensuite pour ne pas le décourager d'obéir s'il n'avait pas compris. Il est capital de ne pas confondre la non-compréhension et la résistance. Faute d'avoir établi cette différence, que de jeunes chiens ont été maltraités sans l'avoir réellement mérité! Encore une fois, si toute résistance doit être vaincue par l'emploi de moyens qui ne permettent pas au chien de ne pas se soumettre, avant d'user de rigueur, il faut avoir la prudence et la patience de s'assurer que le chien n'a pas compris.

Quant à la récompense ou à la punition, n'oubliez jamais que, pour qu'elles aient l'une aussi bien que l'autre, toute leur influence sur le caractère du jeune chien, il est indispensable qu'elles suivent de près l'acte auquel elles ont donné lieu, sans quoi leur bénéfice est également compromis.

Caresser ou châtier, après un certain laps de temps écoulé, est en pure perte parce que l'intelligence du chien est d'une mobilité si grande que son attention est déjà occupée de toute autre chose. Assurément, il arrive souvent, en menant un jeune chien dans les champs, que l'on ne peut agir comme il serait désirable de le faire, parce que votre élève peut être hors portée de la main ou même s'être emballé. Dans ce cas, tout en mettant le chien en crainte, il faut se préoccuper de faire naître l'occasion pour lui de commettre de nouveau la même faute afin de l'en reprendre sur-le-champ.

En tout cas, pour qu'il comprenne bien qu'il a mal fait, il faut qu'il soit corrigé à l'endroit même, dussiez-vous l'y ramener.

Dans le dressage d'un jeune chien, il est si important qu'il ne puisse se dérober à la main qui l'instruit que sa première éducation doit se faire, de toute nécessité, dans une pièce close.

L'obéissance absolue étant la clef de voûte d'une bonne quête, d'un excellent arrêt et d'un parfait rapport, le dressage préparatoire, tout en assouplissant l'intelligence, n'a pour but réel que de développer, autant que faire se pourra, le sentiment d'obéir, et il ne faut pas songer à rien demander à un jeune chien dans les champs avant qu'il soit bien souple et très respectueux des ordres. Ce serait la plus grave imprudence.

L'obéissance parfaite est — au figuré — le mors de bride au moyen duquel le chasseur dispose à son gré de toutes les facultés du chien d'arrêt.

De la Quête,

Par cela même que le chien appartient au genre des *pisteurs*, chercher au moyen du flair ou *quêter* est un acte qui lui est naturel, et si cette aptitude s'est maintenue plus vivace, chez nos chiens de chasse que chez toutes les races de chiens utilisées pour d'autres besoins, c'est parce que les services que nous demandons soit au chien courant soit au chien d'arrêt, sont en raison directe de leurs facultés instinctives.

Dans la différence du rôle que ces deux auxiliaires remplissent gît toute la dissemblance de leur quête. En effet, au chien courant chassant à la manière du type sauvage, la quête dans toute sa liberté primitive; mais, au chien d'arrêt qui ne chasse que pour son maître, la quête disciplinée et dirigée selon la volonté de ce dernier.

Parcourir le terrain de chasse sans laisser de parties inexplorées, afin de découvrir tout le gibier qui peut s'y trouver, est donc une des qualités les plus importantes du chien d'arrêt et il ne peut l'exercer avec succès pour le chasseur que s'il y a été parfaitement dressé.

En réalité, pour le chien d'arrêt, quêter c'est chasser et l'arrêt aussi bien que le rapport ne sont que les compléments de son éducation.

Pour tirer le meilleur parti de son intelligence et de sa bonne volonté, il faut nécessairement que le chien ait une certaine liberté d'action ; privé de son initiative, il est réduit au rôle de comparse et n'est point alors votre plus précieux auxiliaire. Dans toute l'activité de sa quête, battant régulièrement soit le champ, soit le taillis, non seulement le bon chien d'arrêt travaille ardent à trouver le gibier qui peut y être remisé, mais il épargne à son maître la dure et ennuyeuse besogne d'explorer la même étendue de plaine ou de bois avec bien moins de chances de l'y découvrir.

Dans l'action de quêter, certes, l'instinct du chien agit puissamment selon le goût plus ou moins développé qu'il a de la chasse, et il n'est pas douteux que des chiens appartenant à la même race soient plus chasseurs, partant plus quêteurs les uns que les autres. Néanmoins, on ne saurait contester que la quête du chien d'arrêt est bien plutôt l'œuvre du dressage que la répétition d'une qualité acquise. Sans la direction donnée à la quête d'un jeune chien, il peut non seulement s'aban-

donner à quêter d'une façon inutile ou désavanta-
geuse et surtout à battre plutôt certaines parties
du terrain de chasse que certaines autres. C'est ce
qui fait que les chiens mal dressés ne quêtent jamais à la volonté du maître, mais à leur conve-
nance, et que nous les voyons, les uns, parcourir
de préférence les champs ou les prairies, les autres, fouiller les haies, les buissons, etc.

De la bonne direction imprimée à la quête d'un
chien dépend donc sa perfection. A son énergie vi-
tale et à son amour de la chasse de faire le reste.

Nous ne sommes pas plus partisan du maître
d'école — c'est-à-dire du vieux chien ou même du
chien fait — pour dresser le jeune chien à quêter
que pour lui apprendre à rapporter. Nous avons
remarqué, en effet, que dans ces deux parties
distinctes de son éducation, l'élève était toujours
plein de bonne volonté tant qu'il accompagnait son
professeur, mais qu'il n'agissait que sous l'empire
de la jalousie et que, dès qu'on lui demandait de
travailler seul, il n'avait ni le goût ni l'entreprise
de le faire.

Un jeune chien ne quête pas dans la véritable ac-
ception du terme parce qu'il exécute en perfection
les manœuvres de la quête; seule la connaissance
du gibier — en éveillant chez lui la passion de la
chasse — le déterminera à quêter avec une réelle
ardeur. Il faut donc qu'un jeune chien soit *déclaré*,

qu'il ait vu du gibier partir sous son nez, qu'il en ait bien assenti, pour qu'en lui soit excité le vif désir de le trouver de nouveau. A notre avis, entre *chercher* et *quêter*, il est une telle différence que nous ne comprenons pas beaucoup que l'on s'imagine dresser un jeune chien à quêter, en l'excitant à chercher n'importe quel objet déposé à son insu et n'importe où, ainsi que le recommandent tous nos anciens auteurs. La manière dont un chien visite curieusement du nez l'endroit où vous l'encouragez à remuer, à s'agiter, est si dissemblable du vrai style de la quête que nous n'hésitons pas à attribuer à ces errements le détestable défaut de *nasiller* que contracte si facilement un jeune chien.

Pour que le chien d'arrêt ait une quête franche, régulière, sa soumission parfaite — en dehors de son intelligence — est inappréciable. C'est d'après les ordres auxquels il a été habitué à obéir que non seulement il quêtera là où vous voulez, mais encore de la manière que vous jugerez la plus convenable au terrain où vous chassez.

Dans cette partie de l'éducation du jeune chien, sa docilité aux ordres n'est pas le seul aide. Chez tout chien, il est un sentiment beaucoup plus vivace qu'on ne le pense, c'est la disposition naturelle à imiter. Son intelligence est si sensible à toutes les impressions, elle les reflète si fidèlement qu'il modèle ses manières sur celles de son maître et prend facilement l'habitude de les répéter. **En se portant avec le jeune chien dans telle ou telle direction, le dresseur lui inculque les principes de la quête suivant lesquels il battra le terrain plus tard aux seuls mouvements du bras droit ou du bras gauche. Dès que l'élève a parfaitement compris, ses progrès sont rapides et bientôt, prenant l'habitude de la manœuvre, il la fait de lui-même.**

Sans le dressage méthodique, le jeune chien est très porté à contracter le défaut de quêter en loup, c'est-à-dire de percer devant lui le nez droit dans le vent, et il y est sollicité par le vent même qu'il est de rigueur de lui donner toujours pour quêter. Or, ce n'est point en allant le nez piqué sur le vent, mais en côtoyant le vent, en courant des bordées comme la yole en marche, que le jeune chien doit quêter. Travaillant devant vous, il ne doit point se présenter à vos yeux ni de face ni de profil. Sa silhouette doit vous apparaître de trois quarts, de manière que sa ligne de quête ne soit point perpendiculaire à celle que que vous suivez mais oblique, seule direction qui permette au chien — tout en croisant — d'avancer sur le terrain. De cette façon, le chien non seulement cingle dans le vent, mais il tient l'œil et l'oreille prêts à recevoir un ordre donné soit au moyen du bras soit à l'aide de

la voix. Toute autre manière de battre un couvert
est défectueuse.

Du reste, l'influence du vent sur la quête du
chien est un fait incontestable. Non seulement, en
chassant vent debout, le chien a le plus grand
avantage pour découvrir du nez le gibier, lui dérober son approche et faciliter au chasseur sa surprise, mais encore obéissant instinctivement au
souffle du vent, il développe largement sa quête
contrairement au chien qui quête le nez en terre et
ne se sert du vent que peu ou point du tout.

Des chasseurs s'inspirant de ce principe que
« plus on cherche, plus on trouve » ont été induits à
en conclure que le chien d'arrêt, en plaine, ne saurait avoir une trop grande quête. Il est indéniable,
en effet, que le chien, parcourant de vastes espaces,
quête dans des conditions plus avantageuses pour
rencontrer du gibier que s'il battait des terrains de
moindre étendue. Mais est-ce là le côté réellement
le plus pratique de la quête? Nous ne le pensons
pas. Que le gibier soit abondant ou rare, la confi-
guration de nos meilleurs pays autant que le travail que nous demandons à nos chiens d'arrêt de
faire identiquement tantôt en plaine, tantôt au bois,
tantôt au marais, peuvent-ils admettre une semblable manière? Non.

Sans arguer de la valeur de ce proverbe : « qui
trop embrasse, mal étreint » le principal avantage

de la quête d'un chien est — selon nous — une quête serrée et développée dans un rayon qui lui permet d'user largement de sa vigueur et de son intelligence sans que le chasseur ait perpétuellement à se demander où il est passé. Sauf dans les pays de clôtures — qui brisent l'élan du chien et limitent forcément sa quête — tous les chiens dressés à l'anglaise sont plus gênants qu'utiles au tireur dans nos plaines aménagées en bois, vignes, pâturages, jachères, brandes, etc., parce que, dans ces contrées, le chien peut disparaître promptement aux yeux du chasseur sans qu'il puisse savoir où il est et comment il se comporte.

On s'est beaucoup diverti aux dépens de ce vieux type du chasseur français ayant son chien « chassant sous le fusil », selon l'expression consacrée par tous les auteurs qui ont traité de la chasse au chien d'arrêt. On a eu tort. L'abondance du gibier — en ces temps bienheureux et déjà loin de nous — entretenue qu'elle était encore par le petit nombre des chasseurs, réduisait naturellement la quête du chien comme la raccourciront toujours les terrains bien engiboyés. Mettez, en effet, le chien le plus violent dans sa quête au milieu de réserves giboyeuses et bientôt, grisé qu'il sera par le gibier qu'il trouvera devant lui à tout bout de champ, il travaillera dans le même style que le chien dont on se servait à cette époque, et vous ne le verrez point déployer de grands moyens par la simple raison qu'il n'y a pas lieu pour lui de les déployer.

Il est vrai qu'à son tour, il rirait bien fort dans sa barbe grise, ce bon vieux chasseur, s'il lui était donné de voir, s'escrimant de ses plus longues enjambées pour suivre un chien à quête folle, le chasseur qui a été convié à battre, en compagnie de quatre ou cinq bons amis, une de nos terres où l'on peut encore brûler quelques douzaines de cartouches. Sans compter que — sur toute la ligne de chasse — pourraient bien s'échapper des exclamations du genre de celles-ci : « Tenez donc votre chien ! — Votre chien, mon cher, va au diable, etc., etc. » ce même vieux chasseur, compatissant pour l'infortune d'un confrère, réduit à tenir derrière ses talons un excellent chien qui n'a le tort que d'être dressé pour chasser dans toutes autres conditions, pourrait bien lui dire : « croyez-moi, mon jeune ami, la terre est ronde « et vous n'inventerez pas le soleil. Nous, vos ai- « nés, nous avons chassé aussi bien en plaine et « ailleurs que vous pourrez jamais chasser, et si « vous ne voyez pas nos chiens avoir la même « quête que le vôtre, c'est que, depuis longtemps, « nous avons reconnu qu'elle compromettait leurs « bons services pour chasser au fourré et au ma- « rais. »

Aujourd'hui — comme le disent en général tous nos chasseurs — il faut faire beaucoup de chemin pour tirer le quart des pièces qu'autrefois l'on tuait si facilement. C'est là une vérité malheureuse mais elle est. Nos chiens d'arrêt doivent donc avoir plus d'entreprise, vu la pénurie du gibier. Il leur faut plus d'activité, partant plus d'énergie et de fond. Mais s'ensuit-il qu'il faille les laisser s'abandonner en toute liberté à l'ardeur qui les porte à quêter en avant pour trouver quand même du gibier? Nous ne pouvons admettre pareille déduction, parce qu'en général les pays que le chasseur bat avec chances de tirer à portée le gibier, ne s'y prêtent pas, ensuite parce que nous sommes tenus — si nous voulons que le titre de serviteur ne soit pas un vain mot pour le chien d'arrêt — de lui faire faire plusieurs métiers. Autrement, dans le cours d'une saison, il ne nous servirait pas cinq semaines!

Il faut voir les choses telles qu'elles sont et non telles qu'on se les imagine complaisamment. Il ne s'agit pas de battre la campagne, ce que font en réalité tous les chasseurs qui se lancent et lancent leurs chiens à travers plaines sous prétexte de trouver du gibier. Le gibier ne se tient point indifféremment en tous lieux et, selon le vent qui souffle comme selon le temps qu'il fait, il est des parties du terrain de chasse qui doivent être, les unes fouillées, les autres rester inexplorées. Aujourd'hui plus qu'autrefois, pour faire son carnier rondelet, le chasseur est tenu d'avoir recours à son intelligence et à sa connaissance des mœurs du poil et de la plume qui varient — comme on le sait — selon la nature de l'individu, selon l'état de l'atmosphère, selon les saisons, et il n'oublie pas que le succès dépend toujours de cette alternative — le gibier *tient* ou *ne tient pas*. Or, il ne tient qu'à la condition d'avoir des abris ou des remises, ce que nos plaines ne lui offrent qu'autant qu'elles ne sont pas dépouillées de leurs récoltes. Le chien d'arrêt, lui, ne se préoccupe que de trouver et d'indiquer le gibier, mais, de toute évidence, il ne peut se rendre compte des chances plus ou moins grandes que le chasseur a de tirer ce même gibier. C'est donc à ce dernier qu'il appartient de savoir régler le jeu des qualités de son auxiliaire en sorte qu'il lui soit réellement utile.

Tout en se gardant bien d'annihiler, chez le chien, la plus précieuse comme la plus intéressante de ses qualités — l'entreprise — le vrai bon chasseur sait aussi que son plus grand élément de succès est la surprise du gibier, et que c'est à elle — qu'il se la soit ménagée ou non — qu'il doit ses plus beaux coups de fusil. Il ne saurait oublier que toute pièce avertie de sa présence est un gibier dont la possession est plus qu'aléatoire. Or, avec le chien

à quête trop développée, le gibier, arrêté trop loin
du tireur, est prévenu ; dès lors, ayant pris connaissance du chien, il reste aux aguets et, à l'approche du chasseur, il part hors portée. C'est pour
cette raison que les bons praticiens tiennent leurs
chiens de plus court à l'arrière-saison qu'en primeur. Ne savent-ils pas, en effet, que ces mêmes
perdrix qui partiront à 200 mètres devant eux seraient tirées à 20 pas par le laboureur qui sillonne
de son soc le champ où elles sont à pied ?

De nos jours, non seulement l'aménagement et
l'exploitation du sol, dans la plupart de nos départements, sont tels que jamais un chien d'arrêt ne
doit dépasser, dans sa quête, la portée du fusil,
mais encore — pour qu'il reste en plaine, au fourré
et au marais — un *chien à commandement*, un
réel auxiliaire, le chasseur ne doit lui permettre de
dépenser son activité que dans un rayon où il soit à
même de le *servir* avec chances de succès. Bien
plus, en laissant un jeune chien s'éloigner de lui à
de trop grandes distances, le chasseur se met ou
est mis souvent — par la nature même des lieux —
dans l'impuissance de réprimer à temps certaines
libertés que l'animal n'est alors que trop porté à
prendre, et par sa propre faute, il annihile ainsi
cette précieuse qualité du chien d'arrêt, celle de
comprendre que, sans le fusil de son maître, il est
impuissant vis-à-vis du gibier ; or, c'est cette qua-

lité qui rend un chien soucieux de dépenser toute
son énergie non loin du chasseur.

Quêter le *nez haut*, quêter le *nez bas* et quêter le
nez en terre, sont les trois manières de chasser que
l'on est à même de constater chez le chien d'arrêt.
Selon leur race, selon leurs propres instincts de la
chasse, enfin, selon leur éducation, tels ou tels
chiens affectent plus particulièrement l'une de ces
trois façons de se servir de leur odorat, dont les
deux premières sont celles des chiens ayant le nez
bon et la quête rapide, et la troisième celle des
chiens dits *muloteurs*, se défiant de leur nez et
sans allure.

Il est manifeste que le bon chien, ayant à surmonter de sérieuses difficultés que lui offrent souvent soit le sol plus ou moins nu et aride, soit un
vent ressuyant, modifie instinctivement ses façons,
et que, dans ces conditions, il quête comme il peut
et a recours à son intelligence pour découvrir le
gibier; mais il n'en est pas moins vrai que tout
chien d'arrêt a une manière de quêter qui lui est
propre, en d'autres termes, l'un quête le nez haut,
l'autre, le nez bas, quant à celui qui quête le nez en
terre, il n'en faut pas parler.

Des amateurs pourraient se demander ce que
nous entendons par chien quêtant le *nez haut*
ou le *nez bas*, car cette différence peut être plus
ou moins accusée. Pour prévenir toute objec-

tion à cet égard, nous dirons que nous rangeons — dans la catégorie des chiens quêtant le nez haut — tout individu qui, en allure de chasse, porte la tête au-dessus de la ligne de son rein, ligne prolongée par la pensée un mètre en avant des épaules, et sujets quêtant le nez bas — ceux qui maintiennent la tête au-dessous de cette ligne idéale.

Ceci posé, il devient alors plus facile de nous prononcer — comme le sujet l'exige — sur l'opinion émise par maints chasseurs que les chiens qui quêtent le nez haut sont toujours des chiens ayant une puissance olfactive supérieure à ceux qui quêtent le nez bas; car, on ne peut admettre raisonnablement qu'ils aient entendu désigner sous cette dernière qualification le chien portant le nez en terre. Ce serait une vérité de M. de la Palisse. Non. La nécessité absolue où est tout animal au galop — véritable allure des chiens en quête — de porter la tête plus ou moins élevée, ne nous permet pas de penser qu'il y ait eu, sur ce point, confusion dans leur esprit. Or, dans ce cas, l'assertion est aussi fausse en principe qu'inexacte en fait.

Que dirait-on, en effet, de physiologistes de haute autorité qui érigeraient en axiome que l'homme qui a les yeux fixés sur l'horizon possède une vue plus fine que celui qui regarde à terre? On trouverait certainement que lesdits savants n'y voient pas plus loin que leur nez!

Nous dirons — nous — qu'ils n'y voient pas clair, les chasseurs qui déclarent la puissance du flair plus grande si un chien quête le nez haut plutôt que le nez bas. Ils confondent l'effet avec la cause. Car, le chien d'arrêt qui va le nez haut chasse à la faveur du vent et, s'il indique le gibier de plus loin que le chien qui chasse le nez bas, ce n'est point parce qu'il a le nez plus fin que ce dernier, mais bien parce que plus facile pour lui est la perception des animalcules odorantes du gibier que l'air lui apporte, ce qui fait qu'il en a plus promptement connaissance que le chien qui quête le nez moins haut et ne peut percevoir le sentiment de ce même gibier que dans un rayon de moindre étendue. C'est — nous le répétons — dans l'exercice de chacun de ces deux sens, la vue et l'odorat, le même phénomène qui se produit.

Maintenant, ne voyons-nous pas — surtout par les chaleurs et alors qu'il ne fait point de vent — des chiens chassant le nez haut, faire nombre de faux arrêts, tomber au milieu des compagnies sans les arrêter, passer sur un lièvre gîté, des cailles, etc.

La quête d'un chien — qu'il aille le nez haut ou le nez bas — ne peut donc être prise comme criterium de la finesse de son odorat. Nous avons maintes fois remarqué que des chiens, les uns quêtant le nez haut, les autres quêtant le nez bas, possédaient des facultés olfactives également puissantes, bien qu'ils se servissent de leur nez d'une façon différente. Ce n'est que sur le terrain ou en présence de difficultés sérieuses que l'on peut juger réellement de la subtilité du flair d'un chien. Un sol aride, caillouteux, nu, la terre ressuyée par le grand vent, la pièce démontée qui, par la chaleur, ruse et se défend en piétant vigoureusement, telles sont les épreuves qui permettent en toute raison de reconnaître la supériorité ou l'infériorité du nez.

Ce qui est vrai, et le chasseur anglais qui fait chasser de concert un pointer et un setter en est la meilleure preuve que nous puissions invoquer, c'est que la quête d'un chien — selon qu'il chasse le nez haut ou le nez bas — peut avantager ou désavantager le plein exercice de son odorat, et c'est ce qui explique que des chiens, ayant bon nez mais quêtant le nez haut, manquent principalement par un temps de chasse peu favorable ou même mauvais, des pièces que ne passent point des chiens quêtant le nez bas.

Et ce résultat ne surprendra personne, en réfléchissant que le chien qui bat un couvert le nez haut est forcément attiré vers le gibier dont la senteur frappe le plus vivement son odorat. Or, il ne saurait être douteux que si, dans un même couvert, trois sortes de gibiers sont à la remise sur trois points éloignés les uns des autres, par exemple, un lièvre, une caille et une compagnie de perdreaux, c'est ce dernier gibier que ledit chien doit arrêter avant les deux autres. Non seulement par la manière dont il porte le nez élevé, son odorat saisit en premier lieu les nombreuses émanations des oiseaux réunis au même endroit, mais encore il est tout naturel qu'il les arrête de loin, parce que tout gibier qui est en mouvement dégage bien plus de senteur que celui qui est blotti comme la caille ou gîté comme le lièvre. Du reste, c'est pour cette raison que nos chiens arrêtent ces deux derniers gibiers de beaucoup plus court que la perdrix.

La puissance des facultés olfactives étant — comme nous l'avons dit — un don de la nature, nous comprenons que des chasseurs, tout en classant au même rang, comme nez, le chien qui quête haut et le chien qui quête bas — estiment tout particulièrement ce dernier, car il n'est pas douteux qu'il soit, par sa manière de travailler, plus propre que le premier à chasser également bien en plaine, au fourré et au marais.

Du reste, le chien qui réunit au brillant d'une quête haute l'extrême subtilité du flair qui doit en être l'indispensable complément, est un serviteur bien rare à rencontrer, et une telle manière de chasser n'admet pas la médiocrité du nez.

De l'Arrêt.

C'est une faculté que possèdent à un degré très remarquable tous les animaux pisteurs, celle de marquer la présence d'une proie quelconque, soit qu'ils la voient, soit qu'ils la sentent; ils la *pointent,* en d'autres termes, ils trahissent, par leurs poses et leurs allures, que leur attention est entièrement captivée par elle.

Il est peu de chasseurs — amoureux d'observer tout ce qui se rapporte à leur exercice favori — qui n'aient eu maintes occasions de se convaincre *de visu* que le chien de quelque race qu'il soit et ses congénères, le loup et le renard, sont également bien doués sous ce rapport. Nous dirons même que — sans être autrement initiés aux mœurs de ces animaux que par la possession d'un roquet ou d'une descente de lit faite de la peau de l'ennemi de nos bergeries ou de nos poulaillers — toute personne ayant un chat a pu voir cette féline bête déployer, pour mettre sa griffe sur un passereau, son talent à pointer, à se raser et à s'allonger pour rapprocher l'oiseau, et cela dans le même style que le meilleur chien d'arrêt.

Pour notre part, il nous a été donné d'observer, par une chaude journée du mois de juillet, dans les brandes de la commune de Luant (Indre), un grand loup qui, arrêtant au vent, rampant, se couchant avec les mêmes poses et la même prudence que le plus parfait setter, a suivi parallèlement et pendant plus de trois cents mètres, un troupeau de moutons qui, le muffle en terre, allaient nonchalamment, par un chemin poudreux, pour regagner la bergerie. Fait plus singulier encore et qui prouverait que pointer est un faire commun aussi bien au renardeau qu'au chiot issu de la plus excellente race d'arrêt! A l'affût sur un chêne, nous avons vu, au soleil levant, cinq renardeaux qui s'ébattaient aux environs du terrier, interrompre brusquement leurs jeux pour s'écraser sur le sol et y rester immobiles, comme les chiens les mieux dressés, à la vue soudaine d'un lièvre que leur mère jeta tout pantelant devant eux !

L'arrêt—cette suspension de tout mouvement—tantôt brusque si le gibier est proche, tantôt lente s'il est éloigné, qui émotionne délicieusement le chasseur, est donc une aptitude naturelle qui a été perfectionnée chez tous les individus à poils ras et fins, ou à poils longs et soyeux, ou à poils longs et rudes, qui composent les trois grandes classes de chiens dénommés *chiens d'arrêt*, en raison de ce faire qui leur est particulier.

En conséquence, comme toute autre qualité héréditaire, le dresseur n'a qu'à consolider l'arrêt chez son élève, et c'est une besogne délicate qui ne peut être bien faite que par un dresseur doublé d'un excellent chasseur, car il doit tendre à ce que le chien soit ferme d'arrêt, mais dans une certaine mesure. En effet, le vrai bon chien d'arrêt ne doit ni trop ni pas assez se rapprocher du gibier. Ce sont là deux défauts également à éviter. Le premier est celui d'un chien qui, même sans manquer de nez, est porté par imperfection de dressage ou par le fait d'une mauvaise origine, à *bourrer* comme nous disons, c'est-à-dire à suivre de si près le gibier qu'il l'oblige à se lever trop tôt pour le chasseur. Le second, sur lequel le dressage a peu d'influence, est celui d'un chien dont l'arrêt est une qualité développée à un si haut degré qu'elle l'immobilise, et, en lui ôtant toute idée de se rapprocher du gibier qui s'éloigne de lui, le rend ou stupide ou énervant pour le chasseur.

Le vrai bon chien d'arrêt est celui qui, reconnaissant du nez les émanations du gibier, l'indique de suite par ses attitudes et surtout par le fouaillement de sa queue, puis s'assure en avançant, et, dès qu'il juge ce gibier devant lui, s'arrête le corps tendu, la queue raidie, le cou allongé, l'œil fixe, le nez dilaté... et si la pièce surprise fuit devant lui, la suit en modelant sur elle sa marche avec tant de prudence qu'il ne la fait point s'enlever d'effroi ni ne lui permet de se dérober à sa connaissance. En un mot, qu'elle piète ou se blottisse, d'elle à lui est désormais établi un courant d'effluves magnétiques, tel que, dans la manière d'être du chien, se reflète fidèlement les allures de l'oiseau.

Nous avons possédé un pointer marron zain, nommé *Scott*—médaille d'or à l'Exposition canine de 1865 — chez lequel la crainte de faire lever d'effroi le gibier était un sentiment si développé, qu'au fourré, sur la piste de perdreaux rouges ou d'un faisan qui coulaient devant lui, nous l'avons vu les suivre en contournant les cépées avec la souplesse d'un chat, enjamber les tiges des ronces qui serpentaient sur le sol et relever les jarrets comme un cheval affecté d'éparvins secs, pour que le gibier n'entendît pas le frôlement de sa marche.

On a dit avec raison que le chien d'arrêt avait le sentiment de son impuissance sans le chasseur. C'est, en effet, ce dont témoignent bon nombre de chiens quand, en arrêt, ils tournent vers nous la tête d'un geste rapide pour s'assurer que nous sommes près d'eux ; mais, chez le jeune chien entièrement captivé par le gibier qui est devant lui, ce sentiment est encore lettre morte. Ce n'est qu'après avoir joui sur le gibier et avoir bien compris que c'est vous qui, réellement, l'avez mis en sa possession, qu'il deviendra inquiet de votre concours, vous attendra si vous êtes loin de lui ou avancera sur la pièce immobile, si, vous voyant à ses côtés, vous avancez vous-même. En un mot, il modèlera exactement ses allures sur votre propre marche.

La longue pratique de la chasse peut affiner tellement l'intelligence du chien d'arrêt que, chez certains individus qui sont, dans la campagne ou à la maison, les fidèles compagnons de leur maître, elle engendre des mouvements qui attestent leur sagacité profonde autant que leur volonté d'être en chasse ses plus habiles comme ses plus zélés coopérateurs.

Entre autres exemples, nous citerons le fait suivant :

Un setter de toute beauté, Tom, que nous avons eu — grâce au dressage qui l'avait fait ce qu'il se montrait partout, en plaine, au fourré comme au marais, un excellent chien — avait si intelligemment compris, qu'au bois, nous n'étions pas toujours en position de tirer à notre aise le gibier qu'il arrêtait magnifiquement, qu'aussitôt auprès de lui, il nous indiquait de l'œil d'abord et du nez ensuite où la pièce se trouvait parmi les ronces, les bruyères, les fougères ou les brins de la cépée.

Cela fait, il se retirait de quelques pas en évitant de faire le moindre bruit, puis, tout frémissant, les oreilles crispées, les yeux fulgurants, les ailes du nez mobiles comme les ouïes d'une carpe, il décrivait un léger circuit, rampant comme une panthère et venait se placer et reprendre l'arrêt en face de nous. Et plus admirable preuve d'intelligence ! Tant qu'il n'avait point pris cette position, il frôlait du ventre le sol, puis tout à coup se relevant vivement, il se grandissait de toute sa haute taille pour que la pièce blottie ou gîtée le vît bien et ne pût s'envoler ou s'enfuir que de notre côté ! Que de fois, ravi de le voir si beau, si fin chasseur, nous sommes resté oublieux du gibier pour bien regarder Tom !

Le chasseur qui a devant lui son jeune chien à l'arrêt doit-il — pour faire partir la pièce — actionner son élève à la faire soit lever, soit débouler, ainsi que de vieux praticiens conseillent de le lui commander en ces termes : *Pille !*

Nous sommes d'un avis absolument opposé ; bien plus, à nos yeux, c'est la plus impardonnable faute que le chasseur puisse commettre. C'est ainsi que des chiens — de la plus grande fermeté à l'arrêt — sont devenus légers, trop perçants et ont contracté le défaut d'être *courts d'arrêt*. Le chasseur-dresseur ne doit jamais attenter à ce sentiment de respect du gibier dont un jeune chien fait preuve. Il doit lui-même faire partir le gibier plutôt que permettre jamais à son élève d'enfreindre l'ordre que quelques instants auparavant il a eu soin de lui rappeler en ces termes : *Tout beau !*

Le chien qui, doué de l'amour de la chasse, est en arrêt sur un gibier blotti, est porté naturellement à le suivre dès que ce dernier remue pour fuir et alors, instinctivement, il rampe à plat-ventre pour lui dérober sa présence. La crainte de le perdre non seulement l'y pousse, mais encore la senteur de la pièce qui se dérobe, devenant plus légère, le détermine à se porter en avant, à la *couler*. C'est un moment dangereux pour un jeune chien, car — aussi bien selon son caractère ou froid ou ardent que selon le gibier qui se défend plus ou moins droit — il est plus ou moins sujet à s'emporter. La caille, par ses ruses, et le râle de genêts plus encore qu'elle, sont des gibiers détestables sous ce rapport. En tout cas, l'obéissance que vous avez su développer chez votre élève doit être votre seul aide pour en imposer à son ardeur et le maintenir à l'abri d'une faute. Jamais elle n'a été mise à pareille et meilleure épreuve ! Une compagnie ou même un seul oiseau piètent devant lui, il les suit magnétiquement, puis s'anime et l'impatience le gagne... *A terre !* commandez-vous le bras levé et de la voix la plus calme, et votre jeune chien, docile à la parole comme au geste, s'écrasant sur le sol, est gardé d'un entraînement si funeste dans ses résultats que jamais il n'eût oublié par la suite qu'il a forcé l'arrêt !

Nous estimons d'une importance si grande le soin que doit avoir le chasseur-dresseur de ne point infirmer la fermeté de l'arrêt chez son élève, qu'après un solide arrêt et le gibier parti, il ne doit jamais le laisser s'abandonner à sa fougue qui le sollicite naturellement à jouir du sentiment de ce même gibier partout où il pourrait en reconnaître. Détestable leçon si jamais il en fût ! Et pour lui d'abord, car vous devez l'habituer à maîtriser son ardeur, et, pour vous ensuite, car en battant avec précipitation le couvert où le gibier était à la remise, il peut faire partir d'autres pièces dans ses jambes sans les avoir arrêtées. Les émanations du gibier parti et de celui qui est resté ne sont-elles pas confondues à ce point qu'il ne les distingue plus ?

Assurément, il est des chiens si merveilleusement doués et si prompts à le révéler par leurs prudentes façons que, dans ces occasions délicates, ils agissent pour ainsi dire d'instinct; mais ceux-là sont des sujets dont jamais un chasseur ne peut oublier le souvenir et l'expérience prouve que, sur le terrain, avec le plus grand nombre des jeunes chiens, le dressage bien assis et méthodiquement poursuivi est la seule ressource pour les faire aussi fermes d'arrêt que sages à couler la pièce qui se dérobe.

Au mois de novembre 1855, un matin, nous étions allé, en nous promenant, au bout de la longue avenue qui mène du château de la S... à la forêt de Saint-Maur (Indre) avec l'intention d'en faire les bordages pour reconnaître si les sangliers n'avaient point vermillé fraîchement en plaine.

Un très beau et très bon setter, *Myral*, appartenant à notre ami, M. de Saint-Cy... chez qui nous étions en déplacement, nous accompagnait dans cette excursion.

Le soleil — il nous en souvient comme si le fait s'était passé hier — perçant le léger brouillard qui, à cette époque de l'année, est l'avant-coureur d'une belle journée, éclairait de ses brillants rayons les bordures de la forêt au long desquelles s'élevaient des buissons d'épines noires et de ronces, tout étincelants de rosée et couverts des fils de la Vierge.

Pour éviter que Myral, qui était auprès de nous, ne mît ses pattes dans les voies d'un chevreuil que nous venions de reconnaître rentrant au bois sur son contre-pied, nous donnons au chien l'ordre de battre les buissons, et, après avoir jugé à notre aise du fauve, nous cherchons des yeux notre compagnon. Il était en arrêt !

La connaissance que nous avions des bordures de la forêt pour être, par un aussi beau soleil, des lieux où le lièvre aimait à se gîter autant que les façons du chien avec qui, maintes fois, nous chassions, ne nous permettaient pas de douter de la nature du gibier qu'il avait devant lui.

Mais, dans nos mains, pas de fusil ! Et le château est à plus de six cents mètres de la forêt !

Laissant donc Myral en face du lièvre, nous descendons l'avenue bon pas mais sans nous presser, ayant toute confiance dans la fermeté d'arrêt du setter qui jouissait à bon droit d'une grande réputation.

Sachant que tous les matins, en célèbre disciple de Brillat-Savarin qu'il était, M. de Saint Cy... venait aux cuisines pour y décider et régler le menu de la journée, nous nous dirigeons de suite vers cette partie du château.

— Eh bien ! as-tu rembuché des sangliers ? dit M. de Saint-Cy... en nous voyant entrer.

— Non ! répondîmes-nous en riant. J'ai fait buisson creux, mais Myral, lui, a été plus heureux. Il a détourné un lièvre dans une enceinte d'épines noires qui a bien un mètre carré de superficie et je lui ai dit de m'attendre.

— Oh ! il t'attendra, répartit M. de Saint-Cy... si... le lièvre tient, et, dans ce cas, tu n'as pas à te presser, mon cher ami. As-tu pris du thé ?

— Non, pas encore.

— Servez-nous le thé — reprit M. de Saint-Cy...
en s'adressant au maître d'hôtel — puis, vous irez
chercher dans mon armoire à fusils le n° 2 de mes
calibres de William Moor qui est chargé et vous
l'apporterez à la salle à manger. C'est une coquet-
terie que tu passeras bien au maître de Myral —
ajouta mon excellent ami en se tournant de mon
côté — mais je désire que tu tues son lièvre avec
un de mes fusils !

— Comment donc — répondis-je — trop heureux de vous être agréable.

Et nous arrosâmes quelques biscotes de plusieurs tasses de thé. Après quoi, allumant un cigare
et prenant le fusil, je m'acheminai au long de
l'avenue pour rejoindre Myral.

A quatre ou cinq mètres du buisson, le beau
setter était toujours à l'arrêt ; seulement, trouvant
le temps long, il s'était mis sur le ventre..

En m'entendant approcher, Myral retourna la
tête et imprima à son magnifique panache blanc
quelques légères oscillations.

Une minute après, le fusil sous le bras droit et
tenant le lièvre de la main gauche, nous reprenions
en compagnie de Myral le chemin du château.

Sur le perron, M. de Saint-Cy... nous regardait
venir et, quand nous le rejoignîmes, il s'écria en
caressant son excellent chien :

— Je te le disais bien qu'il t'attendrait !

Nous calculâmes que Myral avait bien monté la garde pendant trois quarts d'heure auprès de son lièvre !

Du rapport.

L'action de rapporter — ou d'aller prendre et de venir remettre au maître tout objet lancé ou placé de sa main à un endroit quelconque — est commune à tous les chiens.

Sans exhumer de nos souvenirs de jeunesse ce type si remuant, si aboyant, que le chemin de fer en remplaçant la diligence, a fait descendre pour jamais des hauteurs de son emploi, le loulou ou chien de la Poméranie, nous pourrions nous contenter de citer, comme chien rapportant naturellement, le Terre-Neuve qui, plutôt que de ne rien rapporter du tout, rapporte bon gré mal gré son propriétaire en train de se baigner, et, dont les deux variétés — Saint-Jean et Labrador — en raison de leur talent inné, ont été si judicieusement utilisées par les chasseurs anglais pour créer, au moyen du croisement avec le setter ou le water-spaniel le chien désigné sous le nom de *retriever*, auxiliaire précieux aussi bien pour retrouver que pour rapporter la pièce soit tuée soit blessée. Mais nous devons rendre un juste hommage à ces rustiques et intrépides sauveteurs — les chiens du Mont-Saint-Bernard — qui, envoyés à la recherche des voyageurs enneigés, les retirent des crevasses, les traînent tant que leurs forces ne sont point épuisées, et souvent sont revenus à l'abbaye rapportant un pauvre enfant inanimé de froid !

Enfin, nous dirons qu'à l'heure où nous écrivons ces lignes, nous avons à nos côtés, reposant sur un coussin, une chienne havanaise qui est tellement passionnée pour rapporter que nous avons pris plaisir à perfectionner chez elle ce don naturel. Non seulement cette affectueuse et gentille bête rapporte dans le style le plus correct, mais encore, au commandement, elle tombe à l'arrêt devant son gibier — une petite balle de soie rouge — et se couche auprès attendant, avec une patience vraiment digne d'éloges chez une nature aussi pétulante, un nouvel ordre de son maître.

La crainte, si souvent exprimée par nos chasseurs, que les races anglaises de chiens d'arrêt ne soient point aptes à être bien dressées au rapport est donc chimérique. Assurément, l'éducation du pointer et du setter, à ce point de vue, est plus laborieuse et plus délicate parce que, chez eux, le rapport est une qualité qui n'a point été cultivée et partant qui ne saurait s'obtenir avec la même facilité que chez nos races de chiens d'arrêt qui l'ont acquise depuis si longtemps. Mais, il en est du rapport comme de toute autre qualité qui, du seul fait de l'exercice, naît, grandit et s'entretient. A nos yeux, ce n'est point un reproche sérieux que l'on puisse adresser aux chiens anglais, pointers ou setters, de ne rapporter que froidement et du bout des lèvres. Bien plus, nous ne craignons pas d'affirmer que, pour nous, cette trop vive passion de rapporter que possède le plus grand nombre de nos chiens indigènes, n'est point un avantage pour les bien dresser au rapport; car, dans leur élan à se précipiter sur la pièce, ils sont sujets à donner le *coup de dent* qui est le prélude du mâchonnement. Au contraire, nous préférons le chien moins chaud comme plus susceptible que le chien ardent d'être mis au rapport dans toute la perfection désirable.

Le rapport n'est donc pas une qualité dont le chien d'arrêt ait le privilège ; mais, en revanche, il est le seul chien qui rapporte dans toute la teneur de ce mot lorsqu'il y est réellement dressé, c'est-à-dire avec méthode, ce qui est beaucoup plus rare qu'on ne le pense, si rare même que nous estimons qu'un sur cent est la proportion des chiens parfaitement dressés au rapport.

Sans avoir passé par une éducation spéciale, le chien, en effet, rapporte quand il veut, comme il l'entend et ce qui lui plaît. Or, cela ne saurait être ce que nous appelons *rapporter*.

Pour qu'un chien aille partout chercher, prendre en gueule et venir remettre n'importe à quelle distance et n'importe quelle pièce de gibier, il faut qu'il exécute un ordre. Tel est le principe du rapport.

Ce n'est donc point en jouant — comme bien à tort il a été dit et écrit — qu'un chien se dresse au rapport. Certes, on nous citera nombre de jeunes chiens qui, en s'amusant, ont été soi-disant dressés et leurs maîtres peuvent croire qu'ils le sont en perfection, mais, pour nous, ils le sont si peu qu'à un moment donné, devant certaines difficultés ou en présence d'un gibier quelconque, ils refuseront carrément de le rapporter, ce qu'un chien réellement mis au rapport ne fera jamais ; car — nous le répétons à dessein — nous n'admettons pas qu'un chien ait telle ou telle préférence ou répulsion pour rapporter ceci ou cela, il doit *rapporter d'autorité*, c'est-à-dire obéir au commandement. Aussi, pour nous, un chien n'est vraiment sûr de rapport qu'à la condition d'avoir été dressé au *collier à vis*, seul moyen non seulement de vaincre toute résistance possible de sa part, mais encore d'être assuré de trouver cette qualité si confirmée que le chasseur — sans crainte de déceptions — peut y avoir recours partout et toutes les fois que besoin en sera.

Du reste, c'est là une vérité que peuvent reconnaître tous les chasseurs.

Dans le dressage au rapport, il y a trois points essentiels. En premier lieu, saisir la pièce ; en second lieu, revenir au maître en la tenant en gueule et, en troisième lieu, la lui donner. Ces trois mouvements distincts de la même manœuvre qui, bien exécutés, prouvent la perfection du dressage, ont absolument besoin d'être décomposés, sans quoi le chien rapportera mal, c'est-à-dire saisira la pièce n'importe comment, ce qui ne doit pas être, la mâchonnera en venant vers vous et enfin la laissera tomber ou tournera autour de vous sans la remettre sur-le-champ, toutes façons qui sont celles de chiens imparfaitement dressés au rapport ou dressés sans méthode, ce qui est même chose.

La plupart des écrivains qui ont traité la question du dressage au rapport ont conseillé l'antique usage du chevalet. C'est donc un engin trop connu pour que nous ayons à donner sa description, et, du reste, nous ne voudrions point la faire s'il était étranger à nos chasseurs. En voici la raison :

Cet instrument, à la vérité, par sa construction, oblige le chien à le saisir par le milieu, ainsi que toute pièce doit être régulièrement rapportée et c'est là son seul avantage ; mais, pour nous, il a le très grave inconvénient—comme tout corps dur—

d'induire le jeune chien à contracter fortement la mâchoire, propension naturelle qu'il faut combattre, sans quoi, plus tard, votre élève commencera par serrer, puis finira par briser le gibier, défaut si grave à nos yeux qu'il faut préférer un chien qui ne rapporte pas du tout à celui qui le fait dans ce déplorable genre.

Ils sont en petit nombre les chiens qui, quoique mal dressés, ont la *dent douce* et l'ont conservée telle. C'est un don naturel si précieux que le dresseur — après qu'il l'a reconnu chez un jeune chien — doit avoir le souci de ne point exposer son élève à le perdre. Quant aux chiens qui ont la *dent dure* — et ils ne sont point rares du tout — il faut plus en accuser la main inexpérimentée qui leur a appris à rapporter que leur propre tempérament. Ce serait une grosse erreur de prétendre le contraire. Pour nous, il n'y a pas plus de chiens ayant la dent dure que de chevaux ayant mauvaise bouche. On la leur rend, mais ils ne l'ont pas naturellement. Ne voyons-nous pas, en effet, aussi bien des chiens froids que des chiens ardents défoncer et broyer le gibier ? Ces premiers sont même ceux qui sont les plus difficiles à corriger de ce défaut impardonnable chez un chien d'arrêt. Leur dressage rationnel, méthodique, aidé ou non du collier à vis — comme on le verra plus loin — est l'unique moyen de les en préserver et au besoin d'en corriger les chiens qui en sont affectés, mais pas toujours avec pleine réussite.

Avant tout, il faut être logique. En dressant un jeune chien au rapport, nous n'avons point le dessein d'en faire un chien savant, mais un auxiliaire dressé en vue d'une seule chose, le gibier. La connaissance du gibier comme couleur, forme et poids, doit donc lui être donnée tout d'abord; plus tard, il apprendra à distinguer la senteur particulière à chacune de ces différentes pièces dont nous lui avons mis, sous les yeux comme dans la gueule, la plus parfaite représentation que nous puissions nous procurer.

Pour bien dresser au rapport tous chiens mais surtout ceux qui, comme les pointers et les setters, sont froids et faciles à dégoûter, nous avons reconnu tellement l'insuffisance de moyens quelconques comparés aux pièces de gibier naturalisées, que ce sont les seuls engins dont nous nous servions pendant que la saison de la chasse est close; car, tout le temps qu'elle est ouverte, nous ne les dressons qu'avec du gibier fraîchement tué par nous.

Comme tous nos confrères qui se sont occupés sérieusement de faire rapporter leurs jeunes chiens, nous avons remarqué, en effet, que la différence dans la forme et principalement dans le poids de l'objet à rapporter, était, dix-neuf fois sur vingt, la

cause déterminante de la résistance du jeune chien
et que tel sujet rapportant gaiement, soît le chevalet soit le manchon de cuir, refusait de prendre en
gueule tout menu gíbier à poil.

Du reste, il est ordinaire de dresser le jeune
chien sur le poil en l'habituant à rapporter la peau
d'un lièvre ou d'un lapin rembourré soit de paille
et mieux encore, soit de sable fin. Ayez donc, dans
cette même forme, caille, perdrix, faisan, canard,
bécasse, bécassine, en un mot, tous gibiers que
vous avez le plus de chances de rencontrer. Avec
ces pièces artificielles, vous apprendrez au jeune
chien comment il doit saisir chacune d'elles en les
lui mettant en gueule et vous lui donnerez déjà
une connaissance suffisante de ce même gibier
qu'il doit, un jour, voir tomber devant lui pour que
ni son poids, ni sa forme, ni sa couleur ne le sur-
prennent plus. Il est aussi facile de façonner ces
pièces soi-même que de se les procurer chez nos
naturalistes en leur indiquant, toutefois, à quoi
elles doivent servir, afin qu'elles ne soient prépa-
rées qu'avec de l'alun et les membres sans articula-
tions métalliques. Dans leur constant usage, vous
trouverez le précieux bénéfice, non seulement
d'éveiller l'intelligence du jeune chien, mais surtout le plaisir de rapporter, ce qui fera ses leçons
répétées moins insipides que si elles étaient données avec cet éternel morceau de bois juché sur

ses pointes ou ce sac de cuir qui ne peuvent avoir aucun attrait pour lui.

Or, en dressant un jeune chien au rapport, il faut savoir entretenir chez lui le goût d'exécuter l'ordre et faire qu'il ne s'en fatigue point. C'est dans ce but qu'un habile dresseur ne lasse point son élève de répéter cette manœuvre jusqu'à satiété; car, il sait par expérience que le jeune animal pourrait à la fin résister à sa volonté, comme le fait à son cavalier le jeune cheval dressé pour le steeple-chease que l'on fait sauter à tout propos.

Mais encore une fois, en dressant votre jeune chien au rapport, gardez-vous bien de jouer avec lui! Tout élève qui saisit, en s'amusant, la pièce que vous lui commandez de rapporter, la serre, joue avec elle, et, de là, à la mâchonner, le pas est vite fait. C'est ainsi que l'on a rendu la dent *perçante* à bien des chiens qui ne l'auraient jamais eue telle. En procédant méthodiquement — ainsi que nous l'avons dit plus haut — vous n'aurez point à craindre que votre jeune chien brise l'objet, le retourne, l'abandonne en chemin ou le laisse tomber à vos pieds, etc., etc.

Il est incontestable que si le rapport est un des plus importants points du dressage de nos chiens d'arrêt, en ce qu'il concourt puissamment à parfaire leur obéissance, c'est une manœuvre qui a de graves inconvénients si elle n'est pas exécutée en perfec-

7

tion ; car, le chien qui rapporte sans ordre donné
et en s'abandonnant à toute son ardeur, peut, soit
en courant, soit en fouillant le couvert pour s'em-
parer de la pièce tombée, non seulement faire lever d'autre gibier que vous ne pourrez tirer, mais
encore s'habituer promptement à bourrer, ce qui
compromet fatalement sa fermeté d'arrêt. Et cela
est si vrai que, dans la crainte d'exposer un jeune
chien à contracter ces deux défauts, le rapport a été
longtemps supprimé chez les chasseurs anglais ;
aujourd'hui, s'il est mis en pratique par un petit
nombre d'entre eux, jamais un chien n'y est dressé
avant d'avoir fait une pleine saison de chasse, c'est-
à-dire avant que ses qualités de quête et d'arrêt
soient parfaitement confirmées. Grande preuve de
bon sens et de sagesse, surtout avec des races dont
certains individus doivent, à n'en pas douter, trahir
à l'occasion le sang des divers types qui ont con-
couru à leur formation et qui n'appartiennent point
à des races tracées pour la chasse au fusil.

Sans être aussi absolu que ces excellents praticiens, nous serons — nous — plus osé, confiant
que nous sommes et dans l'admirable intelligence
du chien et dans la rectitude de l'enseignement que
nous lui donnons.

En demandant au chien — au moyen de l'arrêt
— de nous indiquer sûrement la présence du gibier comme de ne point l'inquiéter, et, à quelques

minutes d'intervalle — souvent moins — de saisir ce même gibier tué auquel il ne devait auparavant toucher, puis de le mettre dans notre main au moyen du rapport, nous réclamons de l'animal deux manœuvres contradictoires qui, pour lui, sont trop difficiles à comprendre comme à exécuter pour qu'elles n'exigent pas une éducation raisonnée, en sorte que nous l'aidions nous-même à ne pas se tromper, à ne pas faire de fautes. Sans la précision du dressage, il est impossible d'éviter cet écueil — le rapport de la pièce blessée — contre lequel viendront se briser tous les chasseurs inconscients ou négligents des moyens qui sont les seuls à employer pour mener un chien avec succès et le mettre aussi parfaitement qu'il soit possible de le faire.

Nous avons insisté à différentes reprises sur cette vérité que le chien d'arrêt, en rapportant, ne doit exécuter qu'un ordre donné. C'est ici que ce principe se révèle dans toute sa force. Qu'une pièce soit donc tuée raide ou blessée, souvenez-vous toujours que, sans un ordre, votre jeune chien ne doit point s'occuper de la rapporter.

Le rapport de la pièce tuée sur le coup, sachez-le bien, est aussi avantageux pour confirmer votre élève dans la plus étroite soumission et dans l'arrêt le plus serré, que le rapport de la pièce démontée est pernicieux pour ces deux qualités si précieuses. En ne trouvant pas la pièce à l'endroit même où elle est tombée, en quêtant pour la retrouver, en suivant sa piste, le chien ardent est facile à s'emballer et la besogne y prête grandement ; car, nous savons tous qu'il n'y a que les chiens faits ou les vieux chiens qui excellent à retrouver la pièce démontée, et cela, parce qu'ils ont non seulement leur finesse de nez pour les y aider, mais surtout leur habitude de la chasse, ce qui leur a donné intelligence et sagesse.

Puis, en plaine bien plus qu'au bois, rapporter une pièce démontée est chose difficile ! D'abord, le gibier dont l'aile est brisée n'est-il point porté à piéter plus longtemps dans le champ qu'au fourré où il se blottit incontinent ? Ensuite, le sol toujours moins frais et moins garni n'offre-t-il pas moins d'avantages au chien ? Enfin, le froid de la mort, que ressent de toute évidence la pièce qui culbute au coup de fusil, en rappelant des extrémités et de la surface du corps la masse du sang qui afflue au cœur et aux poumons, détermine forcément une très grande différence de senteur. Ce phénomène s'accentue encore davantage chez tout gibier raide mort depuis quelques minutes. Alors refroidie, la pièce ne laisse plus évaporer qu'un assentiment si faible qu'il n'est pas extraordinaire de voir le chien passer non loin d'elle sans en avoir connaissance. Pour qu'il la trouve du nez, il lui faut le vent. Autrement, c'est de l'œil qu'il peut seulement la découvrir.

Quant à la pièce blessée — et nous voulons par là désigner le lièvre frappé du plomb — le rapport en est encore plus délicat, car une faute en pareil cas, peut à jamais compromettre la perfection du dressage d'un jeune chien.

Pour nous, le vrai chien d'arrêt ne doit pas plus — sans ordre — rapporter un lièvre que tout autre gibier. Nous n'admettons donc point qu'on le laisse s'élancer à la poursuite de ce gibier blessé pas plus qu'à celle d'une caille, d'un perdreau démonté, etc.; et, nous le répétons, c'est par l'immobilité absolue du chien -- après le coup de fusil — que vous dominerez la propension naturelle à courir sur la pièce mais qui, chez lui, est bien autrement forte quand il voit un gibier qui fuit à la surface du sol, sur le même plan que lui, que lorsqu'il regarde voleter et se débattre la plume.

Quel est le chasseur qui n'a point assisté à ce spectacle pitoyable autant que ridicule d'un chien lancé à toute allure à la suite d'un lièvre touché ou manqué et auquel chien se rameutent, criant en mâtins et à qui mieux mieux, les chiens de trois ou quatre autres chasseurs ? *Ici, Pyrame ! à moi, Condor ! derrière, Romanoff !* Et clameurs et vociférations à briser la corde vocale la plus raide éclatent sur toute la ligne ! C'est peine perdue et

fuyard et poursuivants disparaissent dans les plis
du terrain de chasse. Vingt minutes se passent!
Puis, parcourant en tous sens les couverts, chacun
à la recherche de son maître, on voit revenir enfin
les braves toutous, éreintés en pure perte, la
langue longue comme les pattes, tout penauds et
n'osant s'approcher de leurs propriétaires respec-
tifs qui eux, en proie à une juste indignation,
s'apprêtent à faire voler le poil et à strier la peau
par une de ces volées de coups de fouet diluviennes
où toujours l'homme le plus froid s'abandonne
forcément aux plus cruelles violences. Mais bon!
une, deux compagnies de perdrix partent hors
portée des chasseurs et sous les pieds des déser-
teurs! Oh alors! les à *moi, Romanoff, ici Pyrame!*
retentissent de plus belle et bientôt vous les entendrez encore... cette fois mêlés aux cris de douleur des patients! Ah! quel joli spectacle!

Jamais, au grand jamais, vous ne devez donc
permettre à votre jeune chien — sous peine de
perdre les bénéfices des soins que vous avez pris
pour son éducation — de poursuivre, afin de vous
le rapporter, le lièvre si blessé qu'il soit. C'est là
le faire d'un piètre chasseur. Il prouve ainsi qu'il
est ignorant des façons de tout animal touché du
plomb et non poursuivi, autant que du véritable
menage du chien d'arrêt, car le lièvre frappé
grièvement, s'il ne se sent point poussé, fuit à

quelques centaines de mètres, puis s'arrête, et, sous le poids de la souffrance qui l'étreint, il profite du premier couvert venu pour s'y relaisser. Au contraire, si le chien lui souffle au poil, l'animal, pour lui échapper, brave la douleur et fuit tant qu'il se sent des forces. Maintenant, que votre élève l'ait pris ou non, la victoire est pour lui plus mauvaise leçon que la défaite, car il est sorti de votre commandement, il a chassé en chien courant, il a joui sur le plus dangereux de nos gibiers de plaine, et désormais le plaisir de la prise restera gravé dans sa mémoire, de même que le souvenir de l'impuissance de vos moyens pour le retenir, le cas échéant, de renouveler cette même jouissance.

Le lièvre blessé doit se requêter et être rapporté dans la même manière que le perdreau ou le faisan démonté, et le vrai chien d'arrêt ne doit pas plus poursuivre l'un que les autres. Mais encore une fois, retrouver et rapporter toute pièce qui n'est pas restée sur le coup est une épreuve si délicate pour un jeune chien à ses débuts dans les champs, qu'il faut éviter de l'y soumettre. Mieux vaut faire le sacrifice de la pièce. Ce n'est qu'à mesure que son éducation se parfait que l'on peut lui donner à résoudre ces grandes difficultés de la chasse. Alors, dans cette recherche, le chasseur-dresseur devra mettre en œuvre sa prudence et surtout son inflexibilité à faire exécuter à l'élève ce qui lui a été enseigné. La patience sera aussi son plus grand élément de succès, car on ne peut songer raisonnablement à demander au chien qui en est à sa première saison de chasse, qu'il soit assez habile pour faire du premier coup ce que seul un chien bien mis et confirmé peut accomplir à la grande satisfaction de son maître.

Dans notre carrière de chasseur, nous avons eu souvent le plaisir d'admirer les merveilleuses qualités que, sur le terrain, peut déployer un chien d'arrêt, et, comme preuves de l'intelligence, de l'énergie et de la finesse du nez qu'à l'occasion il met en œuvre pour rapporter le gibier, nous citerons le fait suivant, en priant le lecteur de nous excuser d'entrer encore en scène, mais la vérité du récit l'exige.

Au mois de janvier de l'année 1857, l'hiver eut de telles rigueurs, en Berry, que de vieux noyers, aux environs de C..., en éclatèrent. Non seulement la gelée occasionna, dans les forêts, de véritables désastres, mais les communications furent interrompues pendant longtemps, la terre étant recouverte de 0^{m}60^c de neige. Abandonnant ce vaste et merveilleux pays de chasse, *la Brenne,* dont les marais et les étangs étaient recouverts d'une épaisse couche de glace, toute la sauvagine s'était réfugiée sur les rives des cours d'eau cressonneux ou aux bords des sources qui les alimentaient.

La vallée où l'Indre coule à travers des prairies qui n'ont pas moins de dix kilomètres de parcours et où abondent les fontaines et les marécages, avait été le rendez-vous général des oies, canards, sarcelles, bécassines, poules d'eau, etc., et les quelques chasseurs que n'arrêtaient ni la violence du froid ni l'épaisseur de la neige, en avaient fait de beaux abattis.

Durant une matinée, deux des plus intrépides rencontrèrent dans les *prés de Déols*, non loin de C..., tant et tant de bécassines que, dans leur causerie de retour, l'un d'eux prétendit que si nous avions été de la partie, nous eussions pu tuer cent bécassines !

— Sans en manquer une, n'est-ce pas? ajouta sur un ton de léger persifflage son interlocuteur, M. D..., conseiller de préfecture, qui avait vidé en vain pas mal de cartouches sur ces gentils oiseaux.

— Je ne prétends pas cela — répondit M. B. de V... — mais, le temps se découvre, le soleil va luire cet après-midi, et, si le médecin permet à mon fils de chasser de deux heures à quatre heures, je vous ferais bien le pari qu'il tuera toutes les bécassines qu'il tirera.

— Ne parions pas — dit M. D... — car Monsieur votre fils, comme tout chasseur en convalescence, ne peut avoir, en ce moment, tous ses moyens, et la gageure serait trop avantageuse pour moi. Mais je regrette personnellement qu'il soit tenu de garder la chambre. J'aurais voulu voir cela.

— Soit. Alors venez déjeuner avec lui et peut-être pourrons-nous, tous les trois, retourner aux prairies, cet après-midi.

La proposition fut acceptée et Hippocrate convoqué.

Nous relevions, en effet, d'une fluxion de poitrine, et s'exposer à la température glaciale qui régnait n'était pas un moyen curatif à recommander ; cependant, le docteur ayant prononcé son verdict en notre faveur, ce fut avec une joie des plus vives que, chaussé et vêtu avec toutes les précautions imaginables mais les bras bien libres, nous prîmes la route de Déols, en compagnie de l'aimable M. D... et de notre meilleur ami, un père excellent.

A cette époque — comme second chien d'arrêt — nous avions un braque sous poil blanc avec taches et nombreuses mouchetures marron appartenant à la race dénommée, en raison de ce pelage, *Braque du Bengale* et qui s'appelait *Mylord*. C'était bien le chien français le plus robuste, le plus intrépide et le meilleur que nous ayons jamais rencontré. Bon chasseur en plaine, remarquable pour la bécasse et le faisan, il se montrait de premier ordre au marais comme finesse de nez, comme prudence et surtout comme rapport. Aussi, Mylord était-il de la fête de nos relevailles.

Par un beau soleil, les prairies enneigées étaient d'une blancheur si éclatante que, tout d'abord, nous en fûmes éblouis, mais ce malaise de la vue se dissipa peu à peu, et, pour en prévenir le retour, nous fixâmes nos yeux sur les ruisseaux dont les eaux sombres et fumantes serpentaient à travers l'étincelant terrain de chasse que nous allions parcourir dans la neige jusqu'aux genoux.

Le vent qui soufflait de l'Est, sans être violent, était très vif, et nous demandâmes de descendre le courant des fontaines à contre-vent et en côtoyant la rive qui était exposée au soleil, sachant bien que les bécassines devaient y être remisées. De plus, il nous fut accordé de marcher seul, à trente mètres en avant, et le domestique qui portait poudre, plomb, etc., ne devant venir, pour nous aider à recharger, qu'au signal que nous lui donnerions.

Et ayant en main un excellent calibre 14 à baguette et Mylord près de nous, nous longeâmes le ruisseau où, le matin, les oiseaux abondaient.

La première bécassine qui s'élança des cressonnières, rapide comme une flèche, nous surprit au moment où nous contournions prudemment un groupe de vieux saules dont les abords nous semblaient suspects, et nous la mîmes seulement à l'œil.

A deux cents mètres de cet endroit, Mylord nous avait rapporté huit oiseaux tués coup pour coup et tous tombés sur la rive opposée. Il avait donc fait seize traversées et, après chacune, le courageux animal tout grelottant et couvert de menus glaçons, se roulait pour s'en débarasser le poil !

Là, après avoir bu une pleine tasse de Porto que nous tendit M. D... enchanté de ce premier résultat, nous dûmes faire un grand détour, afin de battre un autre ruisseau dans les mêmes conditions, mais qui était moins fourni de cressonnières et plus large. Nous en profitâmes pour nous dégourdir les doigts, ce dont ils avaient grand besoin.

Les voyageuses au long bec, en se réchauffant au soleil, avaient sans doute changé d'itinéraire, car nous n'en tuâmes que six en huit coups de fusil et Mylord ne fit que dix traversées, mais l'une de nos deux pièces redoublées, ayant rasé le lit du cours d'eau, resta foudroyée au milieu des herbes, et notre malheureux chien, après avoir épuisé toutes les ressources de sa vigueur, de son intelligence et de son nez pour retrouver l'oiseau dont la senteur était glacée, était revenu à nous découragé et morfondu, lorsque notre domestique, mettant deux ou trois coups de plomb dans son mouchoir, le lança adroitement à quelques centimètres de la bécassine que nous distinguions parfaitement, étendue le plastron en l'air, parmi les herbes.

— Apporte! Mylord ! apporte! commandâmes-nous au brave animal.

A cet ordre, Mylord, sans hésiter, se jette de nouveau dans la rivière et, cette fois, allant tout droit sur l'objet lancé, il le prend, voit l'oiseau, le saisit vivement et revient tenant en gueule et le mouchoir et la bécassine !

— 500 francs de Mylord ! — dit M. D... en nous offrant une nouvelle tasse de Porto.

— Un ami — répondîmes-nous — n'a pas de prix, et Mylord, comme vous allez le voir, cher Monsieur, est un ami... qu'il est grand temps de secourir.

Et aussitôt, trempant à peine nos lèvres dans le vin généreux, nous entr'ouvrîmes la gueule du chien et nous y vidâmes lentement le contenu de la tasse qu'il avala plus volontiers qu'une dose de sirop de nerprun !

Après avoir passé la nuit enfoui dans un épais lit de paille entouré de couches de fumier, Mylord, au lendemain de cette rude épreuve, était prêt à recommencer !

CHAPITRE III

DE L'ÉDUCATION PRATIQUE

Dans le commerce que nous entretenons avec nos auxiliaires les plus habituels — le cheval et le chien — la sensiblerie est un non-sens et dénote sûrement de la part de qui s'y livre, soit dans ses actes, soit dans son langage, le peu d'habitude qu'il a d'user de ces animaux ou bien l'ignorance où il est de leur nature.

En effet, si domestiquées que soient ces deux espèces, il existe toujours au fond du caractère de tout individu qui les représente, un ferment d'insoumission, en un mot, jamais un cheval ou un chien ne dépouillent entièrement *la bête*. C'est pourquoi nous sommes obligés de les faire passer par le dressage, seul moyen pour obtenir d'eux les services que nous leur demandons suivant nos besoins ou selon nos plaisirs.

A la vérité, le poulain ou le chiot naissent doués

d'une soumission instinctive ou, pour mieux dire, héréditaire; mais il n'en est pas moins vrai qu'il faut développer grandement cette aptitude à l'obéissance, sans quoi ils deviendraient plus tard, l'un, un animal dangereux, l'autre, un être inutile. Il faut que chez eux la bête, si elle se montre, soit vaincue à jamais et qu'elle reconnaisse pour toujours la puissance de la main de l'homme, son maître naturel. Or, la douceur, les cajoleries, de même que la « reconnaissance du ventre » sont certainement des moyens qui gagnent la confiance de l'animal et l'encouragent à obéir tant qu'il se reconnaît faible; mais, dès qu'il a le sentiment de sa force, oublieux de vos bons procédés, il profite de la première occasion venue pour résister à votre volonté; bientôt, il se mutine, et, s'il réussit une seule fois à faire ce qu'il a voulu, il est tout prêt à entrer en révolte ouverte. Dès lors, s'impose l'absolue nécessité du dressage, et, de même que l'enfant, pour devenir un homme, doit passer par l'instruction et l'éducation, le poulain et le chiot doivent être *dressés* et *mis*, le premier, pour faire un vrai cheval, le second, un vrai chien.

Comme l'étude et l'user des animaux le démontrent à tout instant, chaque individu a son caractère propre avec ses bonnes et ses mauvaises inclinations. Celui-ci a besoin d'être mené avec bienveillance, celui-là, au contraire, avec sévérité; mais s'imaginer que les caresses et les friandises sont les seuls moyens pour dresser un chien d'arrêt quelconque est une erreur. Si le dresseur n'en avait pas d'autres à sa disposition, sur dix sujets faits pour devenir d'excellents chiens, il y en aurait huit qui seraient des non-valeurs.

Sans l'efficacité de ses propres moyens et l'habileté de leur maniement, toute manière de dresser est non seulement frappée d'impuissance, mais encore plus nuisible qu'avantageuse, car rien n'est chose difficile comme refaire une éducation manquée. Or, sous tous les rapports, le *collier à vis* est le premier et le plus sûr des aides pour dresser le chien d'arrêt.

Le *collier à vis* qu'il ne faut pas confondre avec le *collier de force*, n'est pas, comme ce dernier, un engin de torture.

Le collier de force, en effet, tel qu'on le trouve dans les maisons de quincaillerie ou chez les armuriers, est un instrument inutilement cruel, en ce qu'il perce de ses piquants le cou du chien sur tout son contour jusqu'à l'en déshonorer de plaies purulentes, et, en outre, entre des mains inexpérimentées, il est plus dangereux qu'utile, en provoquant souvent chez l'animal la défense et le dégoût d'obéir au lieu de la soumission. Et encore, nous ne parlons que de cette sorte de collier en gros fil de fer contourné, avec rouleaux en bois couleur lie de vin, car le véritable collier en cuir, garni à l'intérieur de trois rangées de pointes acérées comme celles dont se servent les menuisiers, est un harnais absolument barbare.

Le *collier à vis* — dont le modèle est déposé — est non seulement le harnais que tout chien d'arrêt, à l'ordinaire, doit porter muni d'une plaque indiquant et le nom et l'adresse de son propriétaire, mais il devient, à la volonté du maître de l'animal, un moyen plus ou moins énergique de le dresser comme de le châtier. Il a non seulement l'avantage d'être à deux fins, mais le chasseur qui désire faire l'éducation lui-même de son chien est gardé, en s'en servant, de dépasser le but qu'il se propose, car il peut à son gré proportionner la rigueur de ses effets au caractère de son élève. Or, il est incontestable que si, de propos délibéré, vous allez passer au cou d'un jeune chien de race qu'une simple traction ou même une saccade énergique d'un collier ordinaire suffiraient pour faire obéir, le collier de force que nous connaissons tous, vous courrez grands risques de le décider à résister à votre volonté avec d'autant plus d'opiniâtreté qu'il aura plus de sang. Vous arriverez évidemment, dans un délai plus ou moins long, à réduire l'animal en l'étranglant aux trois-quarts, mais encore une fois ce n'est plus dresser un chien, c'est le dompter !

Le collier à vis — outre qu'il ne dépare pas le cou du chien et permet au chasseur d'en faire à la minute un instrument de dressage — agit sur l'élève par saccades, à la manière du caveçon sur le poulain, bien que les points de contact de l'un et de l'autre de ces harnais ne soient point du tout les mêmes. Chez le cheval, le toupet et le chanfrein supportent l'effet des tractions, tandis que, chez le chien, ce sont le haut du cou et surtout les côtés où la peau est bien moins épaisse que sur le sommet et à la base de cette partie du corps de l'animal.

Enfin, par la manière dont les anneaux d'attache sont fixés au corps du collier à vis, les saccades sont régulières, imprimées qu'elles sont par la main du dresseur à l'aide d'une laisse fourchue et à double mousqueton ; de plus, selon le choix des vis, elles peuvent devenir plus ou moins rigoureuses.

Lorsqu'il s'agit de faire l'éducation d'un animal quelconque, c'est un principe qu'il faut de toute nécessité que le dresseur ait à sa disposition un moyen d'une puissance à dominer toutes les résistances les plus désespérées de son élève, en sorte que l'homme ne soit pas exposé à ce que son adversaire puisse sortir victorieux de la lutte engagée, résultat également déplorable pour tous deux. Jusqu'à ce jour, le collier de force — nous le croyons — a été le seul instrument de dressage dont se soient servis nos chasseurs ; mais, d'après le propre usage que nous en avons fait, nous lui avons reconnu de si graves inconvénients — surtout entre des mains inhabiles — que nous avons été induits à le remplacer par le *collier à vis* qui, à l'état rudimentaire et tel que nous l'avions imaginé, nous a rendu d'assez grands services pour que nous ne doutions pas que, perfectionné comme il l'est aujourd'hui, il ne soit aussi commode qu'indispensable à nos confrères. Car, nous posons en principe que, sans avoir été dressé au collier à vis, il n'est pas un seul chien qui puisse être réellement docile aux exigences inséparables de notre manière de chasser.

Nous n'ignorons point qu'il sera cité, à l'encontre de notre opinion, que bien des chiens ont été dressés même sans le collier de force. Nous dédaignerons de tenir compte des raclées innombrables qu'ils ont reçues et qu'ils recevront de la part de leurs propriétaires, violences que leur eût épargnées le dressage au collier à vis. Toutefois, nous dirons que, dans ce cas, les exceptions confirment la règle générale, car nous avons possédé des chiens qui étaient si intelligents, si désireux d'obéir, qu'ils se sont dressés pour ainsi dire eux-mêmes et sans être obligé d'avoir recours à la sévérité ; mais, nous savons aussi, par expérience, que tout chasseur est exposé à rencontrer, même chez des chiens nés de la même portée, des caractères tellement insoumis et volontaires que nous nions que le plus grand nombre des chiens d'arrêt, sans l'emploi du collier à vis, exécute à la volonté du chasseur, les manœuvres si opposées que nous leur demandons. Dressage interminable, énervant, plein de déceptions et de luttes, tel est le résultat que toute autre méthode nous a donné. Au contraire, avec le collier à vis, réussite prompte, sûre, avec le sujet le plus susceptible, le plus fier, comme avec celui le plus intraitable, le plus brigand. Puis, avantage que nous ne saurions trop mettre en relief, plus de volées de coups de fouet, de cravache ! plus de coups de poing ni de coups de pied ! De la part de son dresseur, rien de tous ces traitements n'est à craindre pour le chien qui a le collier à vis au cou et la laisse qui y aboutit tenue par une main expérimentée. De fait, c'est la manière la plus humaine ou la moins dure de dresser un chien de quelque nature qu'il soit, et surtout de vaincre certainement tous ses caprices et toutes ses défenses. Du reste, est-il un vieux chasseur qui ne soit prêt à témoigner que, sans l'aide du collier de force, il aurait pu vaincre une velléité quelconque de désobéir comme il n'est pas un jeune chien qui n'en montre, soit en refusant de rapporter tel ou tel gibier, soit en persistant à s'emporter sur le lièvre tiré ou non ?

Le collier à vis, tel est donc le moyen dont nous faisons non seulement la clef de l'éducation, mais encore dont nous usons pour corriger le jeune chien comme le chien fait. C'est notre unique aide pour tous nos élèves, comme le caveçon l'a été pour tous les poulains que nous avons dressés, non pas dans telle ou telle occasion, mais dans toute occasion, ainsi que la forme que nous lui avons donnée le prouve clairement.

Nous ne saurions être partisan de commencer avant l'âge de neuf ou dix mois — le dressage du jeune chien d'arrêt. C'est peine perdue de l'entreprendre plus tôt, d'abord pour vous, en ce que la mort de l'élève peut malheureusement venir l'interrompre, ensuite pour le jeune chien, dont vous allez altérer les dons les plus charmants de sa nature. Laissez-le donc se développer à son aise, selon les règles d'un élevage bien compris, et ne lui demandez que bon appétit, grande gaieté, ce qui équivaut à belle santé. N'est-ce pas, en effet, un manque de réflexion d'attendre d'un chiot qu'il exécutera des ordres que le plus souvent il ne peut comprendre? Puis, est-il possible de le contraindre à obéir, s'il refuse de le faire? Cela ne supporte pas l'examen.

Tant que le jeune chien n'a pas parcouru cette seconde période de son développement qui suit le renouvellement de sa dentition, son caractère est encore trop mobile pour entamer son éducation, et c'est au dressage commencé de trop bonne heure qu'il faut attribuer cet aplatissement physique et moral de tant de jeunes chiens qui jamais ne s'en relèveront complètement. Or, la finesse de main du véritable dresseur se reconnaît de suite à la confiance, à la gaieté, avec lesquelles un jeune chien exécute ses divers ordres.

Lorsque, par suite de sa croissance soutenue par une forte nourriture, vous verrez votre élève ne plus s'adonner avec ardeur au jeu et devenir plus rassis d'humeur, il sera temps alors de songer sérieusement à l'instruire et à le confirmer dans l'obéissance qui doit succéder à la soumission tout à fait relative à laquelle il a été habitué par le seul fait des bons soins que, chaque jour, il a reçus, soit de vous, soit de vos gens.

Mais, qu'on le sache bien, ce n'est point en jouant que se dresse un jeune chien. Rien n'est moins vrai. L'élève ne doit recevoir et entendre, de la part de celui qui fait son éducation, que des ordres précis, formels, à exécuter sur-le-champ, et jamais une leçon ne doit dégénérer en compromis ou en jeux sans quoi tout le bénéfice en est à peu près perdu. Comme dit le proverbe :

> Ne jouez pas avec les chiens,
> Ils se diront vos cousins !

et le proverbe a raison. Le chasseur qui se propose

de faire prévaloir, en toute occasion, sa volonté sur le chien au dressage, ne doit jamais compromettre la valeur du commandement. Il est le maître et tel il doit sans cesse se montrer. C'est ainsi que l'on rend le jeune chien toujours souple et attentif.

La sobriété du langage et la netteté des ordres ont la plus grande importance, soit que l'on fasse l'éducation d'un jeune chien, soit que l'on mène un chien fait.

Nous avons toujours remarqué que les bons chasseurs étaient chiches de parler à leurs chiens et, en cela, ils agissent sagement. Pour notre part, nous n'admettons pas que le dresseur fasse entendre à l'élève d'autres termes que ceux qui servent habituellement à exprimer les ordres.

Le chien — qu'on nous pardonne cette puérilité — ne connaît pas de mots mais des intonations et ce sont ces dernières qu'il distingue seulement. Vous pouvez donc lui adresser les phrases les plus touchantes, ce n'est que le timbre affectueux de votre voix qu'il écoute comme une musique. Cela est si vrai que la manière dont vous prononcez le terme *Tout-beau*, d'une voix grave, inquiète, commande son attention et le rend prudent, de même que, si d'un ton dur, vous lui dites : *derrière !* il se range derrière vos talons, presque honteux et la queue basse. Quant à la signification propre de tel ou tel mot, il ne sait que celle que vous lui donnez vous-même et lui avez enseignée. Exemple :

Près de la forêt de F....., demeurait un vieux braconnier — un incorrigible — qui maraudait avec un roquet d'une intelligence peu commune. Ce petit animal que les gardes avait surnommé *Trompe-la-mort*, en raison de son adresse pour éviter les batteries de pièges, et aussi de sa prudence pour se garer de toute fâcheuse rencontre, était dressé — disaient-il — *à l'envers*. En entendant dire *Ici, à moi !* il prenait sa course aussi affolé que s'il eût reçu, dans les environs de la queue, un coup de fusil, tandis qu'aux mots : *à la niche !* il accourait tout frétillant auprès de son maître. Le vieil affûteur de chevreuils, en faisant comprendre à son compagnon d'aventures, la signification qu'il attachait à tels ou tels termes employés d'ordinaire pour exprimer tout le contraire, était sûr d'abord, que son chien n'obéirait pas au premier venu et ne se laisserait pas prendre, ensuite, il s'était ménagé des arguments pour échapper à bien des condamnations.

Donc, pour ne pas surcharger la mémoire du jeune chien et partant ne pas embrouiller son intelligence, il faut être sobre de lui parler.

En premier lieu, votre élève doit apprendre à répondre à son nom. Dans ce but, nous vous conseillons de choisir un nom court, sonore, autant que possible d'une seule syllabe, et dont aucun chien de vos amis, bien entendu, n'ait été baptisé. L'importance du nom sera particulièrement appréciée de vous, lorsqu'il vous sera nécessaire de réclamer votre chien, soit par un grand vent qui limite d'autant la portée du son qu'il souffle de votre chien à vous, soit au milieu d'autres chiens. C'est, en somme, le seul commandement qui ne soit pas banal pour lui, car les autres termes sont identiquement applicables à tous les chiens et ils y obéissent indistinctement.

Ensuite, il sera enseigné à l'élève à venir au maître, ordre qui doit être ainsi formulé : *Ici !* Pour le faire mettre derrière vos talons, vous le commanderez en ces termes : *Derrière !* pour aller en avant : *Allez !* pour le tenir en crainte : *Tout-beau !* pour qu'il se couche : *A terre !* et, enfin pour qu'il prenne et vous remette le gibier : *Apporte.* On le voit, en tout *sept* mots suffisent; et ce sont, en effet, les seuls qui soient indispensables pour faire exécuter à un chien d'arrêt toutes les manœuvres de la chasse.

Néanmoins, sur le terrain d'exercice, vous devez peu à peu habituer votre élève à obéir à *la muette,* c'est-à-dire par l'emploi de signaux faits au moyen du bras. Parlez le moins possible.

En plaine, au bois et surtout au marais où l'eau conduit le son à de si longues distances, connaissez-vous un chasseur plus insupportable que celui qui ne cesse de crier après son chien ? Avec toutes ses vociférations, il ahurit et son auxiliaire et le vôtre autant qu'il effraye le gibier et le met sur ses gardes. Rappelez-vous toujours que le bon chasseur explore le terrain de chasse sans bruit et n'en trouble le silence que par la détonation de son fusil. A l'aide d'ordres muets et de quelques discrets sifflements, il commande son chien et encore il est sobre de ce dernier moyen, car le chien s'y fait bien vite et l'interprète désormais comme une manie de son maître.

En cela, il est aussi logique que le cheval auquel un maladroit cocher donne sans cesse des coups de fouet. L'animal s'y habitue et y devient insensible. Le silence du chasseur impose l'attention au chien et le fait épier du regard ses ordres. Nous avons eu des sujets si subtils à interpréter nos volontés qu'ils changeaient la direction de leur quête rien qu'en nous voyant appuyer soit à droite, soit à gauche.

La race dont le chien est issu sera toujours un des plus puissants aides pour le dresser. Chacun sait que, chez un chien quelconque, elle ne se traduit pas seulement par la répétition des formes, mais encore par celle de ses manières et de ses façons de chasser. Si ses ascendants, à plusieurs degrés, étaient de bons chiens, il y a gros à parier

que leur représentant fera revivre leurs qualités
en se dressant parfaitement, pour ainsi dire, tout
seul. Il n'est pas de chasseur au chien d'arrêt,
grand praticien s'entend, qui ne se rappelle avoir
eu au moins un chien qui, la première fois qu'il a
été mené en plaine, n'ait chassé avec la même docilité, avec la même intelligence que celles qu'il déploye d'habitude, bref, un chien qui était déjà
dressé avant d'avoir chassé. On voit donc combien
est grande l'importance de la race et nous insistons
particulièrement sur ce point souvent trop négligé
par nos chasseurs, car, les difficultés que l'on rencontre dans le dressage d'un jeune chien ne viennent
en grande partie que du fait de sa race mal suivie,
et certainement, si, dans des portées issues d'étalons
et de lices individuellement remarquables, il se
trouve des produits têtus, volontaires, brigands,
que l'on soit bien assuré que ces individus repré-
sentent des *coups en arrière*, phénomène qui se
répète héréditairement avec autant de régularité
au moral qu'au physique. Cela seul explique la
venue, dans une même portée, d'un ou deux chiens
qui sont l'étonnement et la source de bien des déboires pour l'éleveur.

Du reste, il n'est pas douteux que si les chiens
d'arrêt mal dressés sont en aussi grand nombre,
cela ne tient pas seulement à ce que le dressage
généralement pratiqué est défectueux, mais sur-

tout à ce que les sujets sur lesquels il est appliqué sont tous plus ou moins bâtardés. Les croisements maladroits, entre races trop différentes, ou l'infusion, dans une race, du sang d'autres types non tracés pour la chasse, déterminent les mêmes résultats en faisant naître, dans le premier cas, des chiens d'une intelligence et d'un caractère faussés ; dans le second, des chiens chez lesquels l'intelligence de la chasse est nulle et qui ne chasseront jamais.

Malheureusement, se procurer aujourd'hui des chiens d'arrêt d'une origine bien établie, par conséquent chez lesquels la répétition des qualités présente de sérieuses garanties, est chose difficile, et seuls quelques véritables amateurs peuvent mettre à la disposition de nos chasseurs des élèves dont la filiation a été soigneusement établie et dûment constatée. Ce fait est d'autant plus regrettable que, ne pouvant espérer de trouver — en assez grand nombre — dans les débris de nos races, des chiens ayant le fond, la vitesse, l'énergie nécessaires, nos chasseurs sont bien obligés de s'adresser aux éleveurs anglais, et ces derniers ayant vendu à des amateurs inexpérimentés trois et quatre fois leur valeur des sujets ordinaires ou réformés, il s'en suit que le moindre pointer ou le moindre setter atteignent de suite un prix trop élevé pour la majorité des acheteurs.

Enfin, avant de commencer l'éducation de notre ou de nos élèves, pénétrons-nous bien de cette vérité — que le travail régulier et les leçons don- nées chaque jour et répétées nombre de fois — sont les moyens de rendre le dressage prompt et fertile en bons résultats; car, ce n'est qu'en main- tenant l'exercice de l'intelligence sur telle ou telle manœuvre que le jeune chien la comprendra et l'exécutera facilement, de même que sa mémoire restera frappée de son enseignement.

Il n'est personne ayant l'habitude de se servir du chien ou du cheval qui ne sache que le corps réagit invariablement sur l'intelligence, ce qui revient à dire que, pour disposer avec fruit des facultés in- tellectuelles de ces animaux, il faut savoir diriger l'emploi de leurs facultés physiques. C'est par l'exercice journalier des unes et des autres que le jeune chien fait chaque jour des progrès sérieux dans son éducation.

Si votre élève ne prend de leçons et d'exercice que de temps à autre, non seulement vous ne serez pas maître de son intelligence, parce que l'ardeur de son sang fortifiée par une nourriture substan- tielle autant que surexcitée par la joie d'être libre, ne lui permettra pas d'écouter avec assez d'atten- tion pour comprendre ce que vous lui demandez, mais, encore, parce qu'il aura oublié ce que, quelques jours auparavant, vous aurez pris la peine de lui enseigner. Alors, il ne faut plus s'étonner que la fougue de la jeunesse, se traduisant en violences, ne le rende sourd aux ordres, et il faut même s'y attendre avec les chiens de grande race, sujets toujours plus fiers, plus entreprenants, mais qui, une fois *mis*, sont de parfaits serviteurs.

Usez donc largement de l'exercice et du travail avec les chiens bien nourris. Ne craignez rien. Pour le chien d'arrêt, il n'en est pas de même que pour le chien courant dont on n'est pas toujours maître, et nous vous répéterons pour le premier ce proverbe arabe, si vrai à l'endroit des poulains qui doivent, un jour, être des *buveurs d'air* : « Nourrissez fort et nourrissez encore, puis usez... sans abuser. » Il suffit de quelques jours de repos et d'une alimentation substantielle pour qu'un jeune chien se refasse, quand bien même il serait un peu fatigué.

Pour nous résumer, nous posons donc en principe — et nous sommes assuré d'avance que tous les hommes de chasse nous approuveront — que non seulement il est habile mais encore humain, de n'appliquer qu'une éducation judicieuse, procédant du connu à l'inconnu, ainsi que celle que nous allons développer phase par phase, travail méthodique qui nous a valu des succès et qui a épargné bien d'inutiles et d'injustes corrections à de pauvres jeunes chiens qui ne les méritaient pas

véritablement, mis qu'ils ont été dans l'impossi-
lité de comprendre ce qu'on leur demandait d'exécuter. En éprouvant que notre méthode d'éducation rationnelle est la seule manière rapide, sûre,
de dresser un jeune chien d'arrêt — celle qu'il
n'oubliera jamais — tout chasseur n'en estimera
que davantage les admirables facultés de son auxiliaire, car il exécutera naturellement, de la meilleure grâce, tous ses ordres en présence du gibier
et il le verra se plier à toutes les fantaisies que,
selon les circonstances, maint praticien —pour le
plus grand honneur de son élève — ne craint pas
d'exiger de lui.

Mais — dira-t-on — c'est la perfection des per-
fections que l'éducation que vous préconisez!
Nous le voudrions; car, pour notre part, nous
n'appelons chien vraiment *bien mis* que celui
dressé en perfection, en un mot, le chien à qui, en
plaine, au bois ou au marais, on ne peut reprocher que des écarts excusables, soit du fait d'un
mauvais temps de chasse, soit à cause de difficultés exceptionnelles. Bien plus, nous caressons
l'espoir que l'éducation du jeune chien préparée,
suivie et confirmée — comme nous la démontrons
plus loin — deviendra un travail intéressant qui
sera une agréable compensation de la pénurie
actuelle du gibier dans notre pays et concourra
ainsi à maintenir en honneur un intelligent et

charmant plaisir. Puis, ne devons-nous point
tendre toujours à la perfection, aussi bien dans
l'éducation du chien d'arrêt qu'en tout autre art
ayant pour but de faire à l'animal une place plus
élevée et plus honorable auprès de l'homme?

De l'Éducation préparatoire.

Le talent du dresseur étant — comme nous l'avons déjà observé — d'éviter avec soin toute occasion dont un jeune chien ne manque point de profiter pour mal faire, il va de soi, qu'avant de mener son élève soit au long des routes pour s'ébattre, soit dans les champs pour se déclarer, il est de toute nécessité de l'assouplir au moyen du dressage préparatoire.

Seule garantie que le dresseur ait de faire prévaloir son autorité sur un animal jeune, en pleine santé et heureux de jouir de la liberté, cette éducation élémentaire doit avoir lieu à la maison, dans une pièce quelconque, mais où l'élève est à l'abri de toutes les distractions et ne peut même concevoir l'idée de se soustraire à la main qui l'instruit.

En dehors des accidents à craindre et de dommages coûteux à réparer, il y a inhumanité et imprudence à procéder autrement ; car, c'est vouer

le jeune chien à être puni pour des incartades tout
à fait inséparables de son âge. A quoi bon l'exposer
à ce qu'il les commette pour avoir à l'en corriger
après ? Enfin, nous ajouterons qu'au point de vue
de la perfection de cette qualité — l'obéissance —
base première de l'éducation du chien d'arrêt, c'est
une grosse faute de méconnaître que, chez tout
animal neuf, les premières impressions sont celles
qui ne s'oublient jamais. Que nos chasseurs se
persuadent bien que le proverbe suivant :

> Ce que poulain apprend en sa jeunesse,
> Il le retient toujours en sa vieillesse

est tout aussi vrai pour un jeune cheval que pour
un jeune chien.

C'est donc après avoir reçu les premières leçons
— en quelque sorte son apprentissage de l'obéissance — que votre élève habitué à se tenir en
confiance près de vous, de même qu'il est déjà
souple à votre voix, prendra connaissance des voitures, des chevaux, des moutons, de la volaille, etc.,
afin que, familiarisé avec toutes ces choses exté-
rieures et nouvelles pour lui, il puisse être mis
en liberté sans que vous ayez à craindre non seulement qu'il prenne peur à leur vue et ne s'enfuie
sourd au rappel, mais encore qu'il soit estropié en
se jetant affolé dans les roues des voitures ou sous

les pieds des chevaux ou bien qu'il étrangle des poulets, des oies, etc.

Aussi, toutes les leçons suivantes ne doivent-elles être données au jeune chien que le collier à vis au cou, dans les anneaux duquel le dresseur peut, à volonté, passer une laisse longue d'environ deux mètres.

Avec tous les jeunes chiens d'une humeur aimable et d'un caractère soumis, le collier, tel que le sujet le porte à l'ordinaire, est un aide suffisant, mais, en tout cas, le dresseur est en mesure de dominer sur le champ toute résistance. Or, la moindre doit être réprimée de suite, sans quoi l'animal ne manquerait pas de la renouveler avec plus d'obstination.

Nous dirons également, une fois pour toutes, que chaque leçon bien exécutée, d'abord, à la laisse, devra l'être ensuite sans laisse ou l'élève en liberté dans la salle de dressage. Ainsi, s'établit naturellement la progression de son éducation. Tant qu'une manœuvre n'a pas été faite et bien faite de ces deux manières, le dresseur ne doit point passer à une autre, et, la répétition de la leçon précédente est de rigueur avant d'entamer l'enseignement de la nouvelle.

PREMIÈRE LEÇON

Ici !... Allez !...

Le dresseur — de la main gauche tenant son élève à la laisse et, dans la main droite, ayant un fouet dont la touche sera enroulée autour du manche — se placera à longueur de corde et d'une voix modérée mais ferme, il invitera le jeune chien à venir à lui en ces termes : *Scott ! ici !*

L'animal obéissant avec docilité, le dresseur le caressera aussitôt qu'il sera près de lui.

Dans le cas où il paraîtrait ne pas avoir compris l'ordre répété à dessein, on imprimerait au collier quelques légères saccades afin d'indiquer à l'élève le mouvement à opérer. La manœuvre exécutée, il sera applaudi de la main, comme il ne faut point manquer à le faire après toute concession de sa volonté.

Si le jeune chien intimidé se tenait un peu trop loin de vous, vous l'attirerez doucement au moyen de la laisse et, le fouet déployé, vous lui toucherez de la mèche la pointe des fesses ; il se rapprochera de vous infailliblement.

Cette simple leçon répétée par trois fois, le dresseur fera plusieurs tours de la salle le dressage ayant l'élève à ses côtés et en lui renouvelant de temps à autre le commandement : *Scott ! ici !*

puis, il terminera la séance — comme toutes celles qui suivront — par l'ordre suivant : *Allez !...* dont il accompagnera la mise en liberté du sujet.

Il est fort important que le jeune chien comprenne et obéisse en toute confiance à cet ordre : *Ici !* qui le fera chien *ayant du rappel.*

DEUXIÈME LEÇON

Derrière !...

Le jeune chien étant souple au commandement précédent et marchant avec aisance auprès du dresseur, celui-ci, après avoir circulé dans la salle de dressage, s'arrêtera naturellement, sans brusquerie, et le jeune chien venant à le dépasser, il le commandera en ces termes : *Scott !.. derrière !... derrière !* et il le fera reculer d'un pas en lui touchant — du manche de son fouet, par petits coups — les jambes de devant et en répétant les mots précités, pour lui faire bien comprendre qu'il doit se tenir derrière les talons ; puis, le jeune chien ayant obéi, le dresseur se remettra en marche pour faire de nouveau la même manœuvre.

Cette leçon a pour but de faire prendre à l'élève l'habitude aussi bien de s'arrêter sans dépasser jamais son maître que de le suivre en conservant toujours cette position, et, à l'ébat comme à la chasse, elle sera souvent mise à profit.

TROISIÈME LEÇON

Assis !..

L'élève exécutant avec assurance les manœuvres détaillées dans les première et deuxième leçons, le dresseur les lui fera répéter ; ensuite, après avoir accompli — le jeune chien derrière ses talons — deux ou trois tours de salle, il s'arrêtera et lui fera volte-face sans mouvement brusque. Alors, de la main gauche tenant la laisse raccourcie de manière à ce que le jeune chien ait les yeux fixés sur ses yeux, et, de la main droite, projetant le manche du fouet parallèlement à l'épine dorsale de l'animal, le dresseur touchera, par légers coups, le rein de l'élève en le commandant en ces termes : *Assis !.. Scott !.. assis !*

Par cette opposition de mouvements qui, d'une part, relève et maintient la tête de l'animal et, d'autre part, l'oblige à abaisser le rein, il est naturellement porté à s'asseoir. Cette posture obtenue, vous le caresserez bien.

S'il manifestait, étant assis, une tendance à baisser le nez, — avec le manche de votre fouet placé sous la mâchoire inférieure, — vous lui relèverez le museau afin que le chien vous regarde ses yeux dans vos yeux.

Cette manœuvre exécutée à souhait, le dresseur, se mettant à longueur de laisse, appellera son élève : *Scott ! ici !* et le jeune chien ayant obéi, il lui fera répéter cette troisième leçon jusqu'à ce qu'il l'ait exécutée de lui-même.

QUATRIÈME LEÇON

A terre !...

Après avoir vu son élève obéir sans hésitation aucune aux trois ordres qui font l'objet des leçons précédentes — signe certain qu'il les a bien compris — le dresseur fera asseoir le jeune chien devant lui, la tête relevée, de manière que l'animal regarde bien en face, puis, de la main gauche raccourcissant la laisse jusqu'à 0^m 70 du collier et tenant à la main son fouet déployé, il lèvera rapidement le bras droit et prononçant d'une voix forte ces mots : à *terre !* il enverra sur le sol, le plus bruyant coup de mèche qu'il puisse détacher, en même temps que, de la main gauche, il imprimera, de haut en bas, une saccade au collier.

Terrifié par l'éclat subit du fouet et obéissant à la traction de la laisse, le jeune chien, mû par un sentiment instinctif, se couchera à plat ventre.

Alors, se tenant immobile et le bras droit levé, le dresseur conservera, durant quelques minutes, cette position menaçante pour que l'élève ne soit point tenté de changer de posture ; puis, le voyant écrasé sur le sol, tremblant, il portera lentement son bras derrière le dos, et, d'une voix rassurante, il répétera au jeune chien cet ordre de lui bien connu : *assis... Scott ! assis...* pour le décider à se relever.

L'élève hésitant, vous lui hausserez la tête au moyen de la laisse en même temps que, du bout du manche de votre fouet, vous toucherez ses pattes de devant jusqu'à ce qu'il ait compris qu'il doit se tenir droit sur ses jambes antérieures.

Sans le caresser, le dresseur laissera son élève sous l'impression de cette leçon qui restera gravée dans sa mémoire, car c'est la première fois qu'il aura entendu le bruit du fouet qui doit le préparer à entendre celui du fusil.

Avec les jeunes chiens issus d'ascendants ayant été dressés à se coucher, soit au bras levé soit à la détonation du fusil, cette manœuvre s'obtient si facilement qu'il n'est point nécessaire de leur faire sentir le fouet, comme on y est obligé lorsque l'on a devant soi des sujets lents à comprendre, trop âgés ou manqués.

Il est fort important que cet ordre : *à terre !* qui, plus tard, en chasse, sera bien des fois donné, soit exécuté sur le champ, et la crainte est le premier mobile qui y décide le jeune chien. La répétition fréquente de la manœuvre dont la durée doit être peu à peu augmentée, lui en fera une habitude si bien prise qu'à très longue distance, il l'exécutera, et, chez certaines races anglaises, ce mouvement est si naturel que des chiots de trois mois le font au seul signal du bras levé.

CINQUIÈME LEÇON

Prends !.. donne !.. assis !..

L'élève étant assis devant lui, le dresseur lui fera voir le fac-similé soit d'une caille soit d'un perdreau ; ensuite, le lui présentant au bout du museau, il l'encouragera à saisir l'objet par le milieu en lui disant : *Prends !...*

Si le chien tenait la gueule serrée, pour la lui ouvrir, on lui pincera, entre le pouce et l'index, l'extrémité de l'oreille légèrement d'abord, assez fort ensuite, jusqu'à ce que, entr'ouvrant les mâchoires, il puisse recevoir en gueule la pièce factice.

La mise entre crocs exécutée, le dresseur laissera son élève, durant plusieurs minutes, dans cette position, et lui retirera la pièce avec précaution, en accompagnant sa traction manuelle de cet ordre : *donne !*

Dans le cas où le jeune chien tiendrait la gueule contractée et ne dessaisirait pas volontiers, on lui pincerait l'oreille comme précédemment. Il obéira.

Au contraire, s'il venait à laisser tomber la pièce, le dresseur lui donnera une saccade du collier, le grondera, la lui remettra en gueule en disant d'une voix sévère : *Prends !* et il la lui fera garder quelque temps, soit en place, soit en marchant.

Mais l'élève ayant bien compris et tenant la pièce comme il faut, le museau haut, les yeux fixés sur le maître, ce dernier ira se placer à longueur de laisse et le commandera : *Ici !* Le jeune chien obéissant à cet ordre, le dresseur l'ayant auprès de lui répétera le terme : *Assis !* puis, le chien ayant pris cette posture, il lui dira : *donne*, et le caressera bien.

Cette leçon sera répétée nombre de fois — avec tous les fac-similé des divers gibiers que nous pouvons rencontrer — pour que le jeune chien comprenne bien la signification opposée de ces deux mots : *Prends !* — *Donne !* et qu'il rapporte également bien telle ou telle pièce ; — ce que voyant, le dresseur, en parcourant avec lui la salle de dressage, l'habituera à la manœuvre de prendre de sa main la pièce, de marcher avec et de la lui remettre.

Dans cette première phase du dressage au rapport, la prise en gueule par le milieu de la pièce est le point important, afin que le jeune chien s'habitue de suite à ne la saisir et à ne la tenir que de cette façon, ce que, du reste, cette dernière leçon vient de lui enseigner.

SIXIÈME LEÇON

Prends !... Apporte !...

La prise de la pièce, son maintien en gueule au repos et en marche, sa remise au dresseur étant librement exécutés, ce dernier la déposera sur le sol, devant le jeune chien, et, pour l'inviter à la ramas·ser, il répétera l'ordre : *Prends !*

Devant cette exigence nouvelle qui, cependant, est peu de chose par elle-même, bien des élèves se font tirer..., non ! pincer l'oreille pour saisir de leur propre mouvement la pièce à terre. C'est le moment où, d'ordinaire, le sujet — qui a de la tête — décèle son penchant à l'obstination.

Selon que la résistance s'accentue, varie la rigueur des moyens employés pour la vaincre.

Après avoir en vain essayé du pincer de l'oreille, le dresseur, au moyen de la laisse tenue au point où elle se dédouble, inclinera — par quelques saccades, chacune accompagnée du mot: *Prends !* — la tête de l'élève vers la pièce pour lui indiquer nettement sa volonté, et, si le jeune chien se refuse encore d'y accéder, il garnira de vis émoussées deux des boules voisines de la plaque du collier, l'une, à droite en haut, l'autre, à gauche en bas, ce qui les met en ligne diagonale. Puis, la main basse, il imprimera au collier quelques saccades afin que l'élève sente l'effet des vis, ce qui le déterminera à ramasser la pièce.

Le jeune chien ayant l'objet en gueule, vous le ferez circuler dans la salle, et, après qu'il aura exécuté docilement les ordres successifs : *Assis !* et *donne !* vous lui jetterez la pièce à quelque distance et vous le mènerez sur elle en le commandant sévèrement : *Prends !* Il faut qu'il s'exécute avec promptitude.

Dès qu'il obéira franchement et aura saisi la pièce par le milieu et avec cette délicatesse qui est la conséquence forcée de la manœuvre telle que nous venons de la décrire, on le caressera affectueusement.

Ce résultat s'obtient — bien entendu — plus ou moins vite, toujours selon le caractère des élèves, et il en est avec lesquels il faut, de toute nécessité, en arriver à l'emploi des vis dont le contact est douloureux, mais pas de sensiblerie ! Toute résistance doit être vaincue.

Cette leçon sera donnée plusieurs fois par jour et en suivant exactement nos préceptes. C'est en faisant contracter à l'élève l'habitude de ne saisir la pièce qu'au commandement : *Prends !* que l'on évitera le *coup de dent* que la plupart des chiens qui n'ont point été méthodiquement dressés au rapport, donnent lors de la prise en gueule du gibier, grave défaut qui les porte bientôt à le mâchonner.

SEPTIÈME LEÇON

Tout beau !

Lorsque vous aurez obtenu de votre élève que, sans laisse, il aille de lui-même ramasser et vienne vous remettre la pièce, en obéissant tour à tour aux ordres suivants : *Prends !*.... *Apporte !*.... *Assis !*.... *Donne !* le tout fait avec entrain, il sera temps alors de lui enseigner la valeur de ce nouveau terme : *Tout-beau !* qui doit — aussitôt que vous l'aurez prononcé — suspendre, chez lui, tout mouvement et cela aussi longtemps que vous le jugerez bon.

Dans ce but, le dresseur procédera de la façon suivante :

Il montrera d'abord la pièce en disant à son élève : *Tout beau !* et en lui répétant plusieurs fois cet ordre d'une voix dont le timbre grave doit l'impressionner et le tenir en crainte de lui-même ; puis il la jettera à quelque distance en commandant : *Apporte !*

Au moment où le jeune chien heureux d'obéir, arrivera sur la pièce, le dresseur répétera aussitôt le terme : *Tout-beau !* de manière à le surprendre, et, voyant son élève marquer un temps d'arrêt, il ajoutera vivement : *Prends !* puis : *Apporte !..* et enfin : *Donne !*

Si, intimidé, le jeune chien revenait au maître,

vous irez avec lui sur la pièce, et là, le doigt passé dans un des anneaux du collier, vous le tiendrez arrêté devant elle durant quelque temps, en répétant : *Tout-beau ! Scott ! Tout-beau !* puis, le voyant attentif et immobile, vous ajouterez doucement : *Prends !.. assis !.. donne !...*

Chaque fois que vous répéterez cette leçon, vous maintiendrez votre élève de plus en plus longtemps devant la pièce en sorte qu'il s'habitue à rester à l'arrêt sur elle au commandement.

Comme on le voit, à l'aide de ces sept leçons — répétées successivement et nombre de fois avec ou sans laisse — l'éducation du jeune chien est déjà fort avancée et son obéissance assez correcte pour que le dresseur ait le droit de compter sur elle au dehors aussi bien que dans la salle du dressage. Néanmoins, avant d'entamer l'éducation dans les champs, il est nécessaire de confirmer sérieusement cette indispensable qualité dans les ébats que réclament la santé comme le parfait développement d'un jeune chien. Donc, il va de soi qu'à la promenade le dresseur doit avoir à la main, comme interprète des ordres, son fouet de dressage, de même que l'élève doit toujours porter son collier, seul et véritable aide pour le corriger efficacement d'une faute qu'il pourrait commettre, car ce n'est pas avec le fouet que se mènent ni les chevaux ni les chiens.

Enfin, nous recommandons particulièrement à nos confrères ce dressage préparatoire, comme le seul moyen de créer véritablement, entre le chasseur et son auxiliaire, cette coopération intelligente et ce respect des ordres qui sont les premiers éléments du succès. Pour nous, il ne saurait être douteux que, si bien des chiens se comportent mal et encourent de violentes corrections de la part de leurs maîtres, c'est qu'il n'y ont point été soumis par eux.

Éducation dans les champs.

L'éducation dans les champs est le véritable apprentissage de la chasse pour le jeune chien. Là, votre élève n'est plus l'animal qui, dans la salle de dressage, a fait sans cesse abnégation complète de toute volonté pour se plier aux exigences diverses de son éducation élémentaire. Joyeux de sa liberté, il a recouvré la libre disposition de ses forces et il se sent en possession de son initiative qu'il est d'autant plus enclin à montrer qu'il est plus vigoureux, plus énergique et que, chez lui, le sang commence à parler. Cette partie de son dressage — bien plus intéressante pour vous et pour lui — va le préparer à devenir l'habile et agréable auxiliaire qui n'aura plus qu'à recevoir le baptême du feu pour être un vrai chien d'arrêt. Aussi, autant vous avez eu cure, à la maison, de développer son obéissance, autant, dans les champs, allez-vous prendre souci d'éveiller son instinct de la chasse afin qu'il en ait plus tard l'intelligence. Il faut qu'en lui cette corde vibre fortement et, pour cela, il n'est que voir et assentir du gibier.

La préoccupation première du dresseur, en commençant l'éducation de son élève dans la campagne, sera donc de le mener sur du gibier ou — comme on dit — de le faire *déclarer*. N'est-ce pas en réveillant ces émotions dont tout son être témoignait à la simple vue d'un oisillon, en lui procurant et le plaisir des yeux et les jouissances du nez, que va s'allumer le désir de revoir ce qu'il a vu, d'assentir de nouveau ce qu'il a senti, en un mot de quêter avec ardeur ?

Devant un jeune chien, tous les gibiers sont égaux, neuf encore qu'il est et de la plume et du poil. Mais c'est un fait constaté par tout chasseur d'expérience que le chien d'arrêt, comme le chien courant, conserve toujours le souvenir, l'un, de la première pièce de gibier qu'il a levée et rapportée, l'autre, de la première bête qu'il a lancée, prise ou fait tuer.

Il est donc fort important que l'élève ne rencontre — à son début dans les champs — que le gibier qui, par sa nature et sa manière de se défendre, est le plus propre à faciliter au dresseur la tâche de confirmer les résultats du dressage préparatoire.

Nous savons que nous abordons là une question aussi délicate que difficile à résoudre pour la majorité des chasseurs qui n'ont point, et sont souvent dans l'impossibilité d'avoir à leur disposition, le gibier si nécessaire pour parfaire l'éducation de leurs jeunes chiens. Hélas! nous ne pouvons malheureusement que déplorer avec nos confrères et la pénurie générale du gibier et les rigueurs des conditions défavorables dans lesquelles ils se trouvent, mais ils n'en comprendront que mieux toute la valeur de certaines impossibilités que nous avons mises en lumière dès les premiers chapitres de ce livre et qui s'élèvent contre le chasseur, quand il s'agit de faire lui-même l'éducation de son jeune chien, et la plus capitale est de lui montrer à son gré du gibier.

La perdrix grise est le seul oiseau de chasse qui convienne pour faire déclarer un jeune chien. Outre que sa senteur est flatteuse pour l'odorat du chien, elle a la fuite droite, lente, surtout à l'époque où il faut donner connaissance du gibier à votre élève, c'est-à-dire dès que la campagne, dépouillée des orges, blés, avoines, etc., lui offre pour remises, trèfles, sainfoins, luzernes, etc. Alors, la perdrix grise ne se fait arrêter ni de trop près ni de trop loin, et, avant son essor, elle tient avec la mesure convenable pour affermir l'immobilité du jeune chien en face du gibier. Plus tard, quand elle a été poudraillée toute la journée à droite, à gauche, elle ruse en se déro-

bant et en piétant loin avant de se décider à prendre son vol ; alors, elle est devenue dangereuse
pour un jeune chien qui est d'autant plus sujet à
s'emporter sur sa piste qu'il la perd à la première
feinte de l'oiseau.

Aussi, les perdreaux nés d'un recoquetage et à
peine maillés, même les pouillards que l'on rencontre à la fin de septembre, sont-ils préférables
pour votre élève aux perdreaux déjà habiles à se
défendre contre les entreprises du chasseur. En
voyant couler, devant lui, à travers le chaume ou
le trèfle à graines, ces petites bêtes, le jeune chien
surpris autant que charmé, reste instinctivement
immobile. Cette vue captive tellement son attention qu'il n'a pas l'idée de se porter en avant,
comme il le ferait sur des perdreaux ayant *poussé
le rouge*.

La caille que l'on rencontre plus communément
que la perdrix, surtout avant l'ouverture de la
chasse — époque à laquelle sa migration est déjà
commencée — est un gibier défavorable pour un
jeune chien, en ce que l'oiseau surpris, piétant
quelques mètres, puis se blottissant, lui fait contracter la mauvaise habitude d'arrêter le gibier
de trop près, ce qui le rendra imprudent. A la remise surtout, ce fin gibier a un tout autre désavantage pour votre élève ; il se défend trop en tournant, en rusant de sillon à sillon. Sa piste est

sans cesse brisée et le jeune chien, trop neuf pour prendre l'oiseau au vent, s'anime et, dans sa quête ardente, il risque de mettre la patte dessus, mauvais résultat, car la caille part alors sans qu'il l'ait arrêtée.

Le cailleteau — surtout dans les prairies artificielles où il tient et coule comme un mulot — est encore plus nuisible que l'oiseau adulte. Aplati sur le sol, à peine visible dans les herbes, il attend que le chien le pousse du nez pour partir et souvent il se laisse prendre. Si, par malheur, votre jeune chien en avalait un, ce serait à jamais déplorable, car, plus que tout autre, ce gibier à peau fine et à graisse abondante, excite la gloutonnerie du chien, et, pour cette raison, il est fort à craindre.

Le faisan ne vaut également pas. Qu'il soit coq, poule ou même faisandeau, c'est un gibier trop piéteur dont le fumet excite la fougue du jeune chien et qui rarement, en primeur, tient bien, parce que, demeurant au bois durant la journée, il ne va en plaine que le matin et le soir.

Le lièvre, nous l'avons dit, est aussi un gibier qu'il faut avoir grand soin de ne pas faire rencontrer à votre élève, parce qu'il l'entraînerait à s'emporter après. Mais le lapin est encore plus dangereux. Ce rongeur, outre qu'il tient trop, se dérobe au fourré dans les bruyères comme dans les ronces, ainsi que le fait une vermine, s'arrêtant et coulant de touffes en touffes. C'est là le gibier sur lequel les chiens, mis au dressage chez la plupart des gardes, sont déclarés, et c'est la plus mauvaise leçon qu'ils puissent recevoir, car le lapin fait perdre, même au chien fait, toute fermeté d'arrêt, toute prudence et, de plus, il fausse sa quête.

La première fois que l'on mène un jeune chien dans les champs pour y rencontrer du gibier, il faut donc le conduire sur le terrain où préalablement on a eu le soin d'aller en reconnaissance pour savoir où sont cantonnées plusieurs compagnies des perdreaux. Menez-le, de préférence, dans les parties de plaines éloignées des bois, car, à proximité de ces demeures recherchées du lièvre, du lapin et du faisan, on court trop grand risque que le jeune chien ne rencontre de leurs pistes, ce qui, pour les motifs énoncés plus haut, est à éviter.

Tout chasseur sait qu'après la récolte, les champs de paille, de froment, de seigle, d'avoine, sont les terres où, matin et soir, la perdrix va glaner. A la manière dont nos agriculteurs rasent les céréales, les chaumes, jadis si fourrés par le pied mais aujourd'hui nus comme des prés récemment fauchés, abritent si imparfaitement les perdreaux que ces oiseaux trop à découvert ne s'y tiennent qu'aux heures venues pour eux d'y becqueter le grain resté épars sur le sol, et, de bonne heure, ils gagnent les couverts, trèfles, luzernes, sainfoins, où ils trouvent en abondance et de la verdure et des insectes.

En plaine, de bon matin — c'est-à-dire deux heures après le lever du soleil, afin que le perdreau, s'étant ressuyé la plume de la rosée, ait plus de senteur et que la voie du lièvre qui, dans sa nuit, a rôdé par la contrée soit devenue plus légère — le dresseur, tenant son élève à la laisse et ayant pris le vent, lui parlant de temps en temps : *Derrière! Scott!* battra les chaumes afin de faire lever une compagnie. Si les oiseaux partaient de près comme ils le font d'habitude à cette époque, le dresseur, au moment où ils prendront leur vol, répétera à son jeune chien le commandement : *A terre!* en levant le bras droit; puis, il le mènera sur-le-champ à l'endroit où piétaient les oiseaux, et là, il lui fera bien assentir de leurs pistes. Ce soin pris, il conduira le jeune chien droit à la remise.

Les perdreaux ayant repris pied dans un couvert épais, un trèfle, par exemple, vous êtes dans les meilleures conditions pour émotionner l'élève et des vives émanations du gibier et de son bruyant essor, car plus il en sera près, plus il sera ravi d'assentir des oiseaux et frappé de leur coup d'aile sonore.

Maintenant, ôtez-lui la laisse et tenez-le près de vous. Le voilà qui rencontre et, en chien de bonne race, il pointe naturellement. Restez dans la plus complète immobilité pour commander la sienne, et dites-lui, de votre voix la plus grave : *Tout beau !.. Scott!.. Tout-beau!...* Jouissant sur les pistes chaudes, il coule, il s'avance..... accompagnez-le de près, toujours le tenant en crainte par ces termes : *Tout-beau !... tout-beau!...* Profitez de ce que la compagnie tient bien, pour affermir son attitude, et songez, qu'en ce moment si palpitant, votre élève est tout disposé à modeler ses façons sur les vôtres. A pas comptés, avancez donc lentement dans la direction d'où viennent les émanations, comme ses naseaux frémissants vous l'indiquent, en répétant : *Tout-beau !... Beau !...* Brrrrrou! font subitement les oiseaux à leur essor !... *A terre !* avez-vous aussitôt commandé le bras levé ! L'élève a obéi ! C'est on ne peut pas mieux. Maintenant, restez quelques minutes en place, puis approchez-vous de lui, et, par prudence, prenez-le de nouveau à la laisse afin qu'il ne s'emballe point à droite ou à gauche, sur les pistes, et ne tombe quelquefois le nez sur un oiseau retardataire sans l'arrêter. Grave danger ! Caressez-le bien et faites-le jouir, ici, là, répétant sans cesse pour calmer son ardeur croissante : *Tout-beau !.. Scott!.. Tout-beau !....*

Après un tel début, si votre élève a, dans les veines, du sang de vrais bons chiens d'arrêt — ce que nous vous souhaitons — il doit arrêter ferme

la compagnie sur laquelle vous allez le mener
à la remise. Dès lors, le jeune chien est *déclaré*
et le dresseur n'a plus qu'à diriger et son feu et ses
élans pour lui faire retrouver ce même gibier qui
l'a tant charmé, c'est-à-dire le dresser à quêter régulièrement et selon les ordres reçus.

On se rappelle — nous l'espérons du moins —
les principes que nous avons longuement exposés
touchant la quête du chien d'arrêt. C'est sur le
terrain qu'ils vont recevoir leur application pratique.

Utilisant à la fois l'obéissance parfaite du jeune
chien aux ordres donnés, soit de vive voix, soit à
l'aide du bras, et sa propension naturelle à imiter
son maître, le dresseur fera choix d'un champ facile à parcourir et pour lui et pour son élève; c'est-
à-dire, un sol non rayé de hauts sillons, afin que
le jeune chien, encore maladroit dans ses allures,
n'ait point à se préoccuper de son équilibre en les
franchissant et ne soit point tenté de suivre les raies
pour rendre sa marche plus sûre, ce qui contrarie-
rait la manœuvre que vous voulez lui faire exécuter. Préférez le terrain assez vaste et enceint de
haies ; il limite naturellement les élans du chien
et le détourne de passer d'un champ dans un autre,
ce qu'il ne doit jamais faire sans vous.

Le dresseur évitera également d'exercer son
élève à quêter alors que le vent souffle avec vio-

lence. Outre que le vent ne permettrait pas au jeune chien de bien entendre les ordres, ce serait l'exposer à rencontrer du gibier sur lequel il pourrait tomber sans en avoir connaissance, les senteurs en étant trop violemment dispersées par l'air très-agité. Ce sont là des fautes que, par un temps ressuyant, peuvent commettre facilement les meilleurs chiens ; mais, chez ces derniers, elles n'ont plus la même importance que pour votre élève qui doit en être gardé, et c'est affaire à vous.

Le dresseur — après que son élève aura jeté son premier feu — le mettra à la laisse, à quelque distance du champ d'exercice, afin de pouvoir profiter, au début de la leçon, de l'entrain et de la joie que ressent si vivement tout jeune chien qui recouvre sa liberté d'action. Puis, prenant le vent, il s'avancera de quelques longueurs, sur le terrain, et retirant la corde du collier, il le commandera en ces termes : *Allez ! Scott !..* en lui indiquant, d'un mouvement circulaire de *son bras droit*, la direction *sur main droite* qu'aussitôt il suivra lui-même marchant de son pas le plus rapide. A cette allure, ayant franchi une vingtaine de mètres, il appellera à lui son élève : *Ici !..* et, faisant de *son bras gauche* le même mouvement, en lui répétant l'ordre : *Allez !.. Scott !.. Allez !..* il marchera vivement dans cette nouvelle direction *sur main gauche*.

Il exécutera nombre de fois cette double évolulution, afin que le jeune chien contracte de suite l'habitude de se porter tour à tour à droite et à gauche, selon la volonté du maître. Bientôt, son intelligence aidant, l'animal comprendra si bien ce qu'on lui demande qu'il croisera devant vous comme il doit le faire plus tard en quêtant le gibier.

Dès que le jeune chien est bien confirmé dans cette manœuvre et qu'il se montre attentif autant que souple aux ordres que peu à peu vous lui avez donnés à *la muette*, — au moyen des signaux du bras droit et du bras gauche, — il n'y a plus qu'à le conduire de nouveau et souvent sur du gibier, afin que dans le plaisir de le rencontrer, il trouve la juste récompense de la peine qu'il se donne et que le but de ses allées et venues lui soit bien connu, qu'il devienne ardent à quêter.

En dépit de toutes vos précautions, le jeune chien, surpris ou s'emportant, commettra certainement des fautes, entre autres celle de bourrer sur un lièvre qui lui déboulerait à l'improviste ; dans ce cas, vous le mettrez à la laisse en le grondant ; vous le ramènerez à l'endroit, le punirez par deux ou trois vives saccades et vous lui ferez exécuter, à la place même, ce qu'il aurait dû faire. Puis, il sera privé, pendant un certain temps, de cette liberté dont il a mésusé. La tristesse de son attitude vous prouvera que l'intelligent animal n'est point insensible à cette punition, si anodine qu'elle soit.

Cependant, si votre élève témoignait, en renouvelant les mêmes fautes, qu'il tient peu de compte de la correction, vous garnirez les boules de son collier de deux vis, — placées ainsi que nous l'avons déjà indiqué, — et vous renouvellerez les saccades.

Le collier à vis — grâce à sa transformation subite de harnais en instrument qui châtie le chien sans qu'il puisse se rendre compte de cette modification — a le privilège de lui imprimer une frayeur si salutaire qu'il est rare qu'il ne redevienne pas souple et soucieux de déplaire. Mais, tout en étant sévère lorsque les circonstances l'exigent, soyez indulgent pour ne point attiédir le zèle de votre élève, ce qui, chez tout sujet de race, est chose trop facile. Peu à peu, sans user d'excessives rigueurs, tous ses mouvements, qui dénotent après tout son amour de la chasse, se régleront à souhait, et, avec l'exercice régulier des champs, son éducation sera suffisamment avancée pour que vous n'ayez pas à craindre, la chasse ouverte, de mettre à une plus sérieuse épreuve, toutes ses qualités physiques et morales.

CHAPITRE IV.

EN CHASSE

Une Matinée en primeur.

Le temps n'est plus où, dans toute l'ardeur de
la passion, l'insomnie nous agitait et l'esprit et le
corps durant la nuit qui précède le jour de l'ouverture, nuit si lente à passer pour tant de nos
confrères ! Le goût de la chasse est toujours aussi
vif en nous, mais, moins jeune de cœur et plus
vieux de métier, nous avons fait tous nos prépa-
ratifs sans cette fièvre qui, perturbant la cervelle
d'un apprenti-chasseur de nos amis, lui fit oublier... son fusil ! et six heures de paisible som-
meil nous donnent l'assurance que, le coup d'œil
étant resté prompt et juste, le doigt sera calme
sur la détente, au départ du gibier.

Cette journée, pourtant, est une de celles qui
marqueront dans nos souvenirs, tant est grand l'in-

térêt qu'elle a pour nous! Il ne s'agit plus, à la vérité, de faire notre partie dans une de ces gaies fusillades d'ouverture auxquelles si souvent nous avons été aimablement conviés ; mais, n'est-il pas enfin arrivé le moment de consacrer pleinement toutes les qualités que nous avons pris la peine de développer chez notre jeune chien, sujet de haute lignée et de grandes espérances?

Au retour de sa dernière leçon dans les champs, Scott — nous disions-nous — ne peut manquer de devenir un chien parfait, mais il ne faut point soumettre à une trop forte épreuve le sentiment qu'il a de l'obéissance, sentiment encore en lutte latente avec son amour de la chasse. L'exposer à faire des fautes auxquelles il serait entraîné par le mauvais exemple, ce serait grand dommage! Aussi, irons-nous faire l'ouverture, seul, dans un coin de pays, loin de la ville et des chasseurs. Là, nous sommes assuré de trouver assez de gibier pour arrondir honorablement notre carnier, mais — précieux avantage pour Scott — il n'aura pas devant les yeux le faire de certains chiens aussi pitoyable que celui de leurs maîtres! Ah! il nous faut absolument ne chasser que pour notre jeune chien! Œuvre d'abnégation vraiment méritoire et dont plus tard nous récolterons amplement tous les fruits.

Allons! ce matin, le ciel est couvert, le temps

frais, et la rosée sera peu abondante. Le premier jour de chasse — pour Scott — n'est pas éclairé, il est vrai, par le soleil d'Austerlitz, mais tant mieux! Les pistes n'en seront que meilleures et il n'en déploiera que plus à son aise toute sa brillante énergie.

Suivi d'un porte-carnier qui tient notre élève à la laisse, nous voici arrivé sur le terrain de chasse. Nous ne nous sommes point trompé ; pas un coup de fusil n'a encore retenti dans ces campagnes !

Tout d'abord, il nous faut prendre le vent. Pour cela, suivons donc cette route quelques centaines de mètres afin de remonter cette vaste plaine où, d'ici, nous voyons, sur notre gauche, des coteaux abruptes plantés de vignes, et, sur notre droite, faisant de larges taches de verdure parmi les chaumes, quelques remises en sainfoins, trèfles, luzernes, pommes de terre, etc.

Mais l'air — si sonore, le matin — a vibré d'un bruissement que nos oreilles n'ont pu méconnaître. Jetant vivement les yeux en avant, nous apercevons, à deux cents mètres, rasant le sol de jachères nues comme le macadam d'un chemin vicinal, des points fauves qui, à n'en pas douter, sont des perdreaux! ne quittons pas de l'œil cette compagnie. Bien. Elle a traversé la route et, au sommet de la colline, dans une paille de blé au bout de la·

quelle est un trèfle, elle s'est mise à pied. Ah! c'est là une vraie bonne fortune! car, il est évident que ces perdreaux. au sortir des vignes, n'ont pris leur vol que pour glaner par ce grand chaume, et, en battant le champ au-dessous d'eux, sans nous presser, ils couleront devant nous pour se remiser dans le trèfle où là, nous devons commencer le feu.

Maintenant Scott est libre, et, en retirant nous-même la laisse de l'anneau de son collier, il a reçu l'ordre habituel : *Allez !* et le voilà quêtant avec ardeur.

Notre combinaison a réussi à souhait. La compagnie, en nous voyant venir, a gagné l'épais couvert et Scott qui l'a prise au vent, est en arrêt à trente mètres de la bordure..... nous le rejoignons et, près de lui, à voix basse, nous lui parlons : *Tout-beau ! Scott !... tout-beau !....*

Le nez haut, le jeune chien immobile boit les odorantes senteurs. Il est magnifique dans sa pose ! mais, nous l'admirerons plus tard. Pour le moment, tenons-le sous notre main, car il faut qu'il nous mène droit sur les fuyards, et, pour cela, il les doit couler jusqu'à leur vert refuge. *Allez !* lui disons-nous en modérant le timbre de notre voix.

Souple au commandement, Scott avance à pas mesurés, puis s'arrête tâtant l'air et avance encore.... *Tout-beau !..* répétons-nous à ses côtés.

Le voilà de nouveau marquant l'arrêt !... *Allez !* et il repart....

Tudieu ! quel conscrit nous sommes ! Cet ordre est donné bien trop vite ! En effet, Scott s'animant perce..... *A terre !*

A cette injonction, Scott a obéi. Le péril est donc conjuré. Cette fois, attendons quelques minutes pour qu'il se calme...... Maintenant : *Allez !*

Aussitôt l'intelligent animal reprend la suite du gibier et, tous deux, nous pénétrons dans le trèfle où, le nez au vent, il fait dix pas et reste ferme à l'arrêt. Attention ! ses flancs se soulèvent contractés! sa queue raidie tremble.... Seules, les abeilles qui butinent troublent de leurs murmures le silence qui plane sur la remise...... *Tout-beau !* disons-nous.

A ce dernier ordre, la chanterelle mise en éveil a levé la tête et vu l'ennemi, car elle fait entendre son sauve-qui-peut, et, à ce signal, la compagnie tout entière s'enlevant fait ronfler l'air....

Nous mettons à l'œil un oiseau et le coup part !...

Malgré la fumée, nous avons vu tomber le perdreau, mais tout occupé de Scott, *A terre !* lui avons-nous commandé. Bravo ! Scott est écrasé sur le trèfle, aspirant toujours les effluves du gibier. Rechargeons donc tranquillement. C'est fait. Maintenant, menons notre élève sur la pièce pour la lui faire rapporter. Ce n'est pas ce qui est le moins difficile à bien réussir. Donc, procédons avec ordre. *Ici, Scott !... derrière !* et notre jeune chien dans nos talons, nous allons vers l'endroit que le porte-carnier a remarqué avec soin, selon les instructions que nous lui avions données.

— Mo'sieu' — dit-il — vot' perdrix, al' est tombée à troi? ou quat' met', dret d'vant vous !

Allez ! — disons-nous à Scott.

Le chien part et aussitôt se met à l'arrêt, le nez bas... *Beau !* répétons-nous. Et en regardant devant lui, nous voyons l'oiseau, sur le dos, secouant convulsivement la tête, en un mot, expirant sous ses yeux... *Tout-beau !*

Après quelques instants d'attente pendant lesquels notre élève est resté immobile : *Prends !... Apporte !* ajoutons-nous en nous retirant vers notre porte-carnier. Scott suit la pièce en gueule, et, à quelques pas du brave homme, nous retournant : *Assis !.. donne !*

Parfait d'exécution ! et voilà ce que Scott n'oubliera jamais !

Après avoir bien caressé notre jeune chien, remettons-nous en chasse.

La compagnie qui, au dire du marqueur, compte encore quinze oiseaux, a pris pied dans un chaume près duquel s'élève un haut massif de maïs.

Nous nous garderons bien d'imiter ces chasseurs qui, les canons braqués vers le ciel et leurs chiens brisés dans leur quête affolée par leurs coups de sifflet et par les cris, vont à grandes enjambées sur le gibier, à qui arrivera le premier. Ces courses ridicules ne sauraient être de notre goût pour deux raisons, la première, c'est qu'elles empêchent le meilleur chien de travailler en le préoccupant exclusivement des gestes du chasseur, la seconde, c'est que la perdrix qui vient d'entendre résonner le fusil, reste effrayée pendant quelque temps et met la tête en l'air afin de ne pas être surprise de nouveau. Pour l'aborder à la remise avec chance de la tirer à bonne portée, il faut donc lui laisser le temps de se rassurer.

Dans ce but, continuons de battre ce même couvert. Après nous verrons.

Allez ! Scott !... et notre chien, au galop, quête croisant devant nous avec tant d'ardeur que nous croyons devoir, pour le calmer, attirer son attention par un léger sifflement qu'il connaît déjà *ps...it !...* ensuite, lever le bras afin qu'il se mette sur le ventre et nous attende, ce qu'il fait avec une soudaineté digne d'éloges.

Bientôt, nous lui donnons l'ordre de reprendre sa quête un instant interrompue, et, au moment où courant sur notre gauche, il opère sa conversion pour battre le terrain à droite, il tombe brusquement en arrêt ! Gare ! si près de la bordure de ce trèfle, ce serait bien un lièvre qui s'y serait gité,

et un vieux lièvre encore, car un levraut se fût bien
davantage avancé dans le couvert pour s'y relaisser. Mais, il se pourrait bien aussi que ce fût simplement une caille qui serait rentrée du glanage?
En tout cas, cela tient bien, car Scott semble pé-
trifié! Approchons. *Tout beau !*

A l'angle de la remise, la disposition des lieux
est trop favorable pour ne pas en profiter pour
laisser notre jeune chien tenir l'arrêt quelque
temps. Maintenant, *Allez !* commandons-nous.

Scott se porte le corps en avant mais sans faire
un pas! Respectons, chez notre élève, cette admirable fermeté d'attitude et dépassons-le lentement,
à pas comptés, en répétant : *Tout-beau !*

Nous voici à deux mètres de lui, sur sa droite :
Pruit! Pruit!.. fait une caille en prenant son vol
sous nos pieds! Aussitôt, tenant l'oiseau au bout de
nos canons, nous le laissons filer, et, à trente pas,
il tombe au coup !.. *A terre !* disons-nous à notre
élève qui n'a pas attendu l'ordre pour prendre
cette posture.

Après avoir rechargé, nous répétons sur la caille
la même manœuvre que sur la perdrix. Allons !
bravo, Scott! c'est vraiment le faire d'un vieux
chien ! Et nous caressons notre élève.

A présent, si nous allions saluer d'une double
détonation notre belle compagnie. Quediable ! elle
a eu tout le temps de reprendre confiance ! Et nous

nous dirigeons vers la remise des perdreaux, sans nous presser et faisant quêter notre jeune chien dans ces jachères comme si elles étaient les meilleurs couverts de la plaine.

Il ne faut pas être un chasseur bien rusé pour deviner que les oiseaux ont gagné le maïs pour s'y blottir. Parbleu! avec un vieux chien, il serait facile de les en déloger. Mais, nous sommes en présence d'une récolte encore sur pied où nous n'avons pas le droit d'entrer, et, quand bien même nous l'aurions, ce genre de remise est trop dangereux pour que nous permettions à notre jeune chien d'y pénétrer, car nous pourrions tirer des pièces qu'il n'aurait pas arrêtées, ce dont nous devons bien nous garder. Que faire alors ?

Tout d'abord, assurons-nous que les perdreaux sont bien dans le maïs. Plus de doute. En les éventant, Scott marche sur la remise ; il avance prudemment, ramassant leurs émanations que le vent lui apporte de différents points et le voilà à l'arrêt, à dix mètres du couvert... *Tout-beau !*

A côté de lui, restons en place, car, plus près du massif de ces plantes à haute tige, nous serions gênés pour tirer avec tout le soin désirable.

Alors, selon nos instructions, notre porte-carnier fait un circuit pour aborder la remise à l'opposite. Son passage au travers fera lever certainement les oiseaux. Attention ! a-t-il crié pour nous prévenir qu'il est en face de nous. Répétant à notre jeune chien resté ferme à l'arrêt *Tout-beau !* nous nous tenons prêt à tirer...

Cinq à six perdreaux partent en gerbe et, à trente pas, nous faisons feu de nos deux canons. *A terre ! Scott !...* Allons ! voilà ce que l'on appelle un doublé dans toutes les règles de l'art, un oiseau à droite, un oiseau à gauche !

Le reste de la compagnie, à ces détonations coup sur coup, a pris son vol en éventail, fuyant à tire-d'aile dans toutes les directions. Rien de plus heureux pour nous ! Ah ! maintenant que tous ses membres sont éparpillés, quelles belles occasions de donner d'excellentes leçons à notre élève !

Mais faisons lui rapporter nos deux pièces.

Le premier perdreau, se débattant encore à la surface du chaume, n'est pas difficile à découvrir pour Scott qui l'entend bruiter des ailes. Au commandement : *Apporte !* il est dessus et quelle joie est la nôtre, il le pointe ! *Tout-beau !* lui disons-nous, puis, avançant vers lui, nous ajoutons : *Prends !... Apporte !...*

Et la pièce remise entre nos mains, Scott est chaudement caressé.

Au second perdreau, maintenant.

A la place où l'oiseau est tombé, notre jeune chien en a la plus vive connaissance, mais il ne trouve que des plumes ! Diable ! le blessé sera peut-être retourné à pied au maïs pour s'y relaisser. Dans ce cas, abstenons-nous. C'est un perdreau dont il faut faire le sacrifice, car nous devons bien nous garder de laisser notre élève courir après toute pièce démontée et la prendre, ce qui serait la plus pernicieuse des fautes. *Scott ! der......*

Trop tard ! Scott est en arrêt, le nez bas !

Gare ! l'oiseau est sous ses yeux. *Tout-beau !* et arrivé près de lui : à *terre !* commandons-nous d'une voix impérieuse.

L'intelligent animal obéit, mais en nous jetant un regard qui semble dire : « Tu ne le vois donc pas ! »

Tout-beau ! répétons-nous.

Alors, nous baissant doucement, nous tentons de prendre à la main le perdreau blotti, mais s'élançant des herbes, celui-ci fuit au long du sillon avec cette agilité que l'on sait... *Tout-beau !*

A vingt pas, au risque de le réduire en pâté, nous lui envoyons un coup de fusil.

Scott n'a pas bougé de place. Après avoir rechargé : *Apporte !* disons-nous.

Aussitôt notre élève court sur la pièce et n'ose la saisir. Parfaitement.

Nous faisons quelques pas vers lui et d'une voix calme : *Prends !* et Scott revient le perdreau en gueule. *Assis !..... donne !....* Très-bien.

Arrêter vivement du second coup tout gibier blessé, tel est le moyen que nous ne manquerons point d'employer — toutes les fois que les circonstances le permettront — plutôt que d'exposer notre jeune chien à bourrer sur une pièce fuyante.

Comme tous les perdreaux d'une compagnie qui ne connaît pas encore le feu, les oiseaux de celle que nous venons d'éparpiller ont dirigé leur vol, les uns droit, les autres, en tournant, vers les remises qui leur sont connues. Par rapport à la direction qu'ils ont prise, nous sommes donc à contre-vent. Aussi, n'hésitons-nous pas à faire, au long d'un chemin d'exploitation tracé à travers champs, un demi-kilomètre, pour reprendre la plaine en donnant à notre jeune chien l'avantage du vent.

En conséquence, il a reçu l'ordre de se tenir à nos talons, mais soit que notre attention ait été un peu lassée, soit qu'en causant avec le porte-carnier, nous nous soyons départi de la surveillance que nous devions exercer sur tous les gestes de notre élève, Scott, dans son ardeur de chasser, s'est abandonné sur notre droite, et, quand nous nous en apercevons, il traverse en quêtant au galop et parallèlement à nous, un de ces champs de pommes de terre, long d'une cinquantaine de mètres, mais, tout au plus, large d'une douzaine.

Sans faire un pas de plus, nous le rappelons par un sifflement sévère, pour le gronder de la liberté qu'il a prise, lorsque notre porte-carnier nous crie aux oreilles : « A vous ! Mo'sieu !... à vous !... »

Et nous voyons un beau trois-quart venant droit à notre rencontre, au long d'une des raies du champ couronné par les vertes tiges des tubercules de M. Parmentier !

Sans nous préoccuper le moins du monde du lièvre après lequel Scott, sans l'avoir arrêté, bondit comme un fou : *A terre ! Scott !* clamonsnous de la voix la plus énergique et le bras droit levé.

L'élève a obéi. Bien plus, à notre attitude et à la manière dont nous allons sur lui, il a compris qu'il avait mal fait, car, aplati sur le sol, il détourne la tête....

Aussitôt, fixant notre laisse à son collier, nous lui imprimons une forte saccade. *Derrière !...* *derrière !* commandons-nous d'un ton sévère. Scott, tout penaud, se range près de nos talons. Alors, nous cherchons le gîte du chanceux troisquart et l'ayant reconnu, nous amenons dessus notre jeune chien, et, en le lui faisant sentir, en le lui montrant, nous répétons ces mots accompagnés de deux ou trois saccades : *Tout-beau !... Scott !...* *Tout-beau !...* Et sans lui rendre la liberté, nous sortons du champ de pommes de terre, en le grondant pour les deux sottises qu'il vient de commettre et dont nous devons nous reprocher aussi, en toute conscience, d'être un peu coupable ; car, notre inattention a été cause de la première ; quant à la seconde, le chien n'ayant pas le vent, cela devait arriver. C'était écrit !

Les levrauts du poids de cet étourdi qui s'est jeté dans nos jambes ne vont pas deux à deux ainsi que les canards ; néanmoins, sa présence, dans ces parages, nous permet bien de supposer que ses frères ou sœurs sont aux environs. Ah ! il peut se flatter, celui-là, de l'avoir échappé belle ! Surveillons donc plus étroitement que jamais notre jeune et beau pointer, autant pour lui épargner de nouvelles corrections que pour ne pas perdre l'occasion de rouler, sous ses yeux, quelque coureur aux longues oreilles !

Aux abords d'un regain, ayant le vent, nous rendons la liberté à notre élève et au commandement : *Allez !*... Scott, en belle humeur, reprend sa vive et large quête.

Au moment d'entrer dans un guéret de peu d'étendue mais à grosses et sèches mottes, nous le rappelons et le mettons derrière pour éviter toute nouvelle et fâcheuse surprise. Bien nous en a pris, car, à cinquante pas de nous, part une vieille perdrix rouge. Nous ne la tirons pas. Seulement nous arrêtant brusquement, nous donnons à Scott l'ordre : *A terre !* pour l'habituer à se coucher sur-le-champ au vol des oiseaux.

A cent mètres de là, dans une luzerne, deux perdreaux gris et une caille parfaitement arrêtés sont également bien rapportés par Scott. Allons! tout va bien !

Delà, nous passons dans un chaume peu fourni comme paille mais où s'élèvent par-ci, par-là, des touffes de ronces qui promènent sur le sol leurs longues tiges aux feuilles tantôt vert sombre, tantôt rouge vif. A dix pas de l'un de ces massifs, Scott est en arrêt, immobile comme un bronze de Mène. Nous avançons sans précipitation et, près de lui, nous le commandons d'une voix ferme : *Tout-beau !...*

Nous doutant bien du gibier qu'il a devant lui, nous jetons les yeux sur les ronces et nous voyons flâtré au plus épais, si ce n'est le frère au moins le pareil du trois-quart qui maintenant est bien loin de nous s'il court toujours !

Tout-beau ! avons-nous soin de dire en faisant quelques pas vers la touffe. A ce moment le locataire déboule précipitamment, fait deux ou trois crochets pour se bien mettre sur ses longues jambes, et nous, le point de mire entre ses oreilles, nous le laissons filer à vingt-cinq pas, distance à laquelle pressant la détente, il manchonne au coup... *A terre ! Scott !*

Notre élève a tout vu et paraît aussi ravi qu'étonné. Nous rechargeons. *Apporte !* il court sur le

lièvre agonisant, mais, au moment de le prendre ;
Tout-beau ! répétons-nous, Scott reste devant la
pièce. A l'ordre renouvelé : *Apporte !* il saisit le
lièvre, puis le lâche, le retourne du nez, et, soit
que l'animal chaud et sanglant lui inspire une certaine défiance, soit qu'il le trouve trop lourd, il
n'obéit pas ! Le commandement est réitéré sans
résultat. Alors, nous allons à lui, et il se couche.
Prends ! Notre élève ressaisit la pièce. *Apporte !* il
fait un pas vers nous et la laisse tomber. Aussitôt,
passant un doigt dans l'un des anneaux de son
collier, nous lui donnons une saccade en répétant
l'ordre. Cette fois, il s'empare comme il faut du
lièvre et lui disant : *Apporte !* il nous suit jusqu'à
vingt pas de distance où notre porte-carnier nous
rejoint. Là, Scott, corrigé de sa lubie — excusa-
ble du reste puisque c'est le premier lièvre encore
chaud qu'il remet entre nos mains — est applaudi
de son obéissance.

— Ah ! Mo'sieu' — s'écrie notre homme en riant
— vous l'avez joliment arrêté sur c.., la pauv'
bête !

— Oui, c'est vrai — répondons-nous — mais si,
au lieu de tuer raide ce lièvre, nous l'avions seulement blessé, auriez-vous couru après ?

— Ah ! pour ça, Mo'sieu' — reprend notre
interlocuteur — y a pas à s'inquiéter. Vot' chien
court si vitement que j'parions b'en qu'il l'au-

rait attrapé tout d'suite... et b'en avant moi !

Et voilà — pensâmes-nous — ce dont Scott serait vertement corrigé sur place, si la fantaisie lui en prenait jamais. Plutôt perdre dix lièvres blessés que de lui permettre d'en poursuivre un comme le ferait un mâtin ! Sur ce point, pas de transaction possible avec les principes ! C'est à nous de bien tirer ou de ne pas tirer du tout.

Après quelques cailles et perdreaux arrêtés, tués et rapportés, sans que nous ayons eu à reprocher de nouvelles fautes à notre élève, nous nous acheminons vers le déjeuner, heureux d'avoir aussi bien réussi à mettre en pratique, le fusil à la main, tous les enseignements inculqués pas à pas à notre jeune chien, lorsqu'avant d'atteindre le village où nous comptons nous mettre à table, nous sommes tentés de battre une luzerne à sa seconde coupe que longe le chemin que nous suivons.

Dès l'ordre donné, Scott se multiplie, et nous le suivons des yeux avec joie, admirant son galop bien découplé et l'allure prudente qu'il prend aussitôt que lui arrivent les plus légères émanations. Mais le voilà qui rencontre. Comme il avance sagement ! et sûr de lui-même, il tombe à l'arrêt !

Nous approchons : *Tout beau !*

Une perdrix part en rasant le sol, tombe en battant de l'aile, se relève, retombe et court en faisant entendre des appels de détresse auxquels répondent de faibles cris......

Aussitôt, le bras levé: *A terre! Scott!* disonsnous en présence de cette mère de famille qui, pour sauver ses petits, tente d'entraîner l'ennemi après elle...

La chanterelle et sa gentille couvée n'ont rien à craindre de nous, mais, à nos côtés, notre jeune chien ne peut que gagner à voir ce menu gibier... *Allez!*

Et Scott, faisant pause sur pause, suit anxieusement les poussins. Il s'arrête.. *Tout beau!* et le nez haut, les yeux enflammés, il aperçoit alors ces petites bêtes couler devant lui à travers les rares tiges de la luzerne...

C'en est assez. *Scott! ici!* et nous nous éloignons tous deux pour que la perdrix inquiète vienne bien vite guider de nouveau sa couvée, en souhaitant qu'elle ne rencontre que d'aussi respectueux admirateurs de l'amour maternel!

Une Matinée en arrière-saison.

A l'arrière-saison, la chasse au chien d'arrêt n'est plus aussi attrayante ni aussi productive pour le chasseur; en outre, elle est particulièrement ingrate pour le jeune chien.

En effet, le gibier devenu rusé autant que sauvage, ne tient guère et ses émanations — à cette époque où le sol est nu et commence à se refroidir — sont moins chaudes et n'avantagent plus le nez du chien comme en primeur. Puis, en plaine, les belles et bonnes journées de chasse ne deviennent-elles pas de plus en plus rares ?

Après deux mois de pratique, notre élève a fait les plus sérieux progrès. Au contact fréquent du gibier, il a gagné en sagesse comme en prudence, et nous sommes assuré de récolter le fruit de nos soins et de nos sacrifices pour son éducation. Mais, nous avons encore à la parfaire et, de notre part, cette tâche ne demande pas moins d'application, car, à l'arrière-saison, les terrains de chasse où l'on peut réussir à surprendre le gibier sont dangereux à battre pour le chien qui n'est pas encore rompu au métier.

Dans les vignes ou dans les taillis, en effet, le gibier se défendant vivement et avec habileté, entraîne facilement le jeune chien loin du maître qui l'a vite perdu de vue, et, partant il est sujet à commettre des fautes d'autant plus graves que le chasseur n'ayant pu apprécier les circonstances dans lesquelles elles se sont produites, les laisse forcément impunies.

Pour perfectionner les qualités de votre élève, tout en les exerçant, agissez donc avec prévoyance afin de ne pas faire naître pour lui l'occasion, soit dans les vignes vendangées, soit dans les taillis de haute venue, d'oublier ce que vous lui avez enseigné, et, — nous le savons — la tentation d'y chasser n'est que trop grande, car, ces dernières remises sont celles où l'on a le plus de chances de tirer perdreaux rouges, faisans, bécasses, et, de plus, elles servent souvent de refuge à la perdrix grise et au lièvre.

Par une de ces belles matinées de novembre, en compagnie de Scott, nous nous mettons donc en chasse.

Devant nous, s'étend une longue vallée couronnée, d'un côté, par les communaux de N...., terres où, parmi quelques emblaves, croissent encore des brandes indéfrichées, et, de l'autre, par de vastes tailles d'un an toutes mouillées de rosée.

Battons d'abord ces champs fraîchement labou-rés où, là, Scott pourra jeter son premier feu et rencontrer quelque gibier en train de se ressuyer.

A bon vent, nous avons à peine fait trente pas dans un guéret que notre jeune chien marque un arrêt dont la non-valeur nous est révélée de suite par son allure indécise et le vif mouvement de sa queue. En effet, devant lui, s'enlèvent quelques alouettes. D'un coup de sifflet, nous le rappelons aussitôt et nous le grondons de sa légèreté en ces termes : *Haut le nez! Scott! derrière!*

Plus loin, dans une pente, à deux cents mètres devant Scott qui tâte la brise, partent cinq per-dreaux gris, derniers débris d'une compagnie. Au bruit de leur essor, il s'est arrêté en fouaillant ses flancs et regarde curieusement le gibier qui fuit en rasant le sol, puis retourne la tête de notre côté.

Le bras levé, nous lui rappelons qu'au départ des oiseaux, il a oublié de se coucher.

Après avoir suivi de l'œil les perdreaux qui, traversant la vallée d'un coup d'aile vigoureux, ont pris pied dans les tailles, nous rejoignons notre élève et à l'ordre suivant : *Allez!...* il reprend sa quête.

Bientôt, par ses allures, Scott dénote qu'il a con-naissance d'émanations lointaines ; il avance prudemment, pointe et tombe en arrêt aux abords d'une jachère où ont poussé pêle-mêle hautes herbes, chardons, bouillons blancs, etc., — un vrai coin pour qu'un lièvre y soit gîté au soleil ! Bien que les façons de notre jeune chien nous donnent lieu de croire qu'il a devant lui de la plume qui a piété, nous sommes à ses côtés, préparé à toute surprise, au moment de lui dire à voix basse : *Allez!*...

Aussitôt, Scott pénètre à pas lents dans la remise et s'arrête de nouveau frémissant et le nez haut !... attention !... Bine !... Bine !... Bine !... fait une vieille perdrix grise qui, à quarante pas, part en flèche de ce vol rapide qu'ont les matrones de l'espèce.

Au coup de feu, elle tombe ; mais elle n'a pas touché terre qu'elle fuit avec prestesse sur le sol nu d'une pâture à moutons. Notre second coup l'arrête net, ne nous souciant pas du tout — au début d'une chasse, — d'exposer notre élève au rapport d'une pièce démontée aussi vigoureuse.

Après avoir rechargé, nous commandons à Scott : *Apporte!*

Malgré qu'il soit sur le ventre, voyant et entendant les derniers coups d'aile dont la perdrix fouette le sol en se débattant convulsivement, Scott est aussitôt arrivé sur elle ; il la prend et nous la rapporte.

Pendant quelque temps, nous suivons un chemin de débardage, notre jeune chien derrière nos talons, afin de lui rappeler qu'il ne doit jamais chasser sans le maître; puis, nous passons la route de V..., et nous entrons dans un immense guéret rapidement penté sur une de ses faces et voisin de ces pacages épineux si recherchés de la perdrix rouge.

A peu près vers le centre du champ, Scott, croisant les sillons d'une quête hardie, se met à l'arrêt, le nez haut...

Nous l'approchons et d'une voix modérée: *Allez!* lui disons-nous.

Les perdrix, nous ayant sans doute aperçu de loin, piètent rapidement et notre jeune chien, passant avec prudence de sillon en sillon, les suit jusqu'au bout du champ où, à la faveur d'une traîne large de quelques mètres, elles se sont dérobées. Là, Scott, animé par les senteurs plus vives du gibier, prend trop d'avance sur nous. Aussitôt, pour éveiller son attention, nous lui faisons entendre notre sifflement habituel Ps..it ! il tourne la tête et, nous voyant le bras levé, il se couche sur-le-champ.

A quelques pas derrière lui, nous le commandons : *Allez !*

Plein de feu, il repart sur les pistes, traverse la traîne et, avec nous, il entre dans le pacage. Mais, à travers les bouquets d'épines noires et les fougères abattues par les gelées blanches, assentant mieux du gibier, il accélère l'allure et nous laisse trop en arrière. Nous l'arrêtons de nouveau,

Les perdrix — ce sont évidemment des rouges — piètent pour gagner le haut taillis qui borde le pacage et où elles savent qu'elles seront désormais en sûreté. Sur leurs pistes chaudes, Scott coule de plus en plus vivement..

Le fusil haut, d'un pas rapide mais discret, nous le suivons sans nous tenir trop près de lui dans la crainte de l'actionner, lorsque prenant de haut son gibier, notre jeune chien fait un temps d'arrêt, repart, puis, quelques mètres plus loin reste immobile, le corps tendu, le fouét raidi... et la compagnie forte de huit perdreaux prend son bruyant vol pour gagner le bois.

Malgré la distance, à notre coup de fusil, un perdreau est tombé.

Bien que Scott se soit de lui-même couché au départ des oiseaux, il a parfaitement vu celui que nous avons tiré, toucher le sol et rebondir en voletant. A l'ordre : *Apporte!* il est dessus. Mais le perdreau, l'aile brisée et frappé du plomb dans la tête, se débat en se jetant à droite, à gauche... *Tout beau !* commandons-nous.

Et, à nos côtés, notre élève, sans bouger, voit devant lui la pièce se raidir sous une mortelle étreinte...

Apporte! répétons-nous, et, saisissant le perdreau, Scott nous le remet.

Après tant de sagesse déployée dans une suite aussi longue sur un gibier dont les fuites tortueuses énervent promptement un jeune chien, nous caressons vivement notre élève, et bien qu'il ne demande qu'à recommencer, nous croyons devoir prendre ensemble quelques minutes de repos, le temps de fumer une cigarette, assis sur le revers d'un fossé.

Décidément, c'est un beau trait que vient de nous faire Scott, et en jetant les yeux sur le pays parcouru, nous nous rendons compte de la distance franchie par les belles perdrix rouges. Tudieu! Quelles marcheuses!

Puis, le *papelito* éteint, nous nous remettons en chasse.

Dans un labour, part de fort loin une compagnie de perdreaux gris qui, par un heureux hasard, vont se poser dans des brandes exposées au soleil que nous comptions bien battre avec soin.

Par une ancienne route abandonnée, sur le tracé de laquelle végètent de tous côtés : bruyères, ronces, ajoncs, nous nous acheminons vers ces excellentes remises d'arrière-saison, lorsque notre élève, à quarante pas devant nous, tombe en arrêt, bien ferme et l'œil ardemment fixé sur un massif d'ajoncs. Sans nous presser, nous le rejoignons. Est-ce un lapin ou bien un lièvre?

Déserteur du parc qui environne le château voisin, quelque aventureux Jeannot aurait bien pu pousser jusqu'ici et, surpris par l'aube, s'y gîter? Mais qu'importe! et, à dessein, d'une voix vibrante, nous disons à Scott : *Tout beau!* Rien ne part! Nous toussons avec force. Rien ne bouge! Alors, nous prenons le sage parti de fouler du pied l'étroite remise, et, d'une touffe d'ajoncs, déboule un énorme lièvre qui, à vingt pas, reçoit un coup de plomb qui l'écrase!...

Notre élève, couché sur le gravier, a tout vu. Nous rechargeons et cela fait : *Apporte!* lui ordonnons-nous.

Il part, saisit la pièce, fait quelques pas et la lâche... *Apporte!* il la reprend vivement et la dépose à nos pieds. *Prends!* lui commandons-nous d'une voix sévère... *Assis!.. donne!..* et, sans le caresser, nous le débarrassons de ce lourd gibier.

Nous n'avons pas fait cent mètres dans les brandes où nous avons vu remettre les perdreaux que Scott, les ayant au vent, nous indique sûrement qu'ils sont devant lui et, le laissant travailler, il les marque bientôt du plus ferme arrêt... Nous avançons rapidement et l'ayant rejoint... *Allez!* Il coule et s'arrête de nouveau... *Allez!* répétons-nous.

A ce moment, les perdreaux partent, mais d'un peu loin. Bah! en ajustant bien! Et nous envoyons à l'adresse de l'un d'eux un coup de six qui l'arrête dans son vol et il tombe en oiseau démonté.

Ah! cette fois l'occasion se présente dans les meilleures conditions de réclamer de notre élève ce que nous ne lui avons point encore demandé de faire, dans la crainte de le rendre moins prudent et moins ferme en présence du gibier. En effet l'oiseau s'enfuyant à pied, par un couvert aussi garni, ne peut aller bien loin et il laisse des émanations si chaudes qu'elles doivent mener Scott droit sur lui. *Apporte* !

A l'endroit où la perdrix est tombée, notre jeune chien, tout d'abord dans l'embarras, prend sa piste et la coule. Nous sommes derrière lui, nous gardant bien de parler pour ne point exciter son ardeur, car l'oiseau, rusant dans sa fuite, le laisse souvent indécis pour se porter dans la direction qu'il a suivie. Enfin, après l'avoir perdue et retrouvée tour à tour, Scott tient la voie quelques longueurs et tombe soudain en arrêt, le nez bas. *Tout-beau* !

Sans aucun doute, l'oiseau est là, blotti dans la touffe. Ne nous pressons pas et laissons notre élève tenir l'arrêt afin d'annihiler pour lui les dangers de la manœuvre. Maintenant, commandons-le de la voix la plus calme : *Prends* !

A cet ordre, Scott porte vivement le museau sur la touffe, mais, ne trouvant rien, il jette en même temps les deux pattes sur les bruyères et l'oiseau manqué, se dérobant rapidement de son dernier refuge, saute, retombe, court et se cache la tête dans les herbes, n'ayant pas la force d'y pénétrer plus avant. *Beau ! Scott !* Et notre élève ayant suspendu tout mouvement : *Apporte !* Aussitôt cet ordre donné, il part, prend délicatement le perdreau et nous le remet expirant.

Mais l'heure est venue de songer à regagner la maison, et, pour couper au plus court, nous n'hésitons pas à traverser quelques larges vignobles dont les côteaux les plus pierreux de la plaine sont plantés. Dans ces dangereuses remises, il serait imprudent d'exposer un jeune chien à être surpris par la présence du gibier qui, sur un sol aussi ingrat, piéte à son nez et peut l'entraîner à bourrer. Nous nous engageons donc — Scott derrière nos talons — parmi ces couverts qui, dans bien des pays, préservent le gibier d'une entière destruction, et nous les battons comme si nous n'avions pas de chien !

Marchant sans bruit entre deux rangées de ceps aux tiges soutenues par de longs échalas, nous nous arrêtons de temps à autre pour consulter le nez de Scott comme une boussole, afin de nous diriger vers les points d'où il semble percevoir quelques émanations, seul moyen qui permette au chasseur d'être averti de la présence du gibier.

Le flair de notre jeune chien ne nous a point trompé. Une compagnie de perdreaux rouges, que le plomb n'a point encore décimée, part devant nous à une distance où certainement notre grenaille n'aurait pas été sans effet, mais, dans les vignes, à quoi bon blesser du gibier en le tirant de trop loin? Toute pièce démontée n'est-elle pas rarement retrouvée même par un vieux chien? Notre fusil n'a donc point parlé; mais suivant de l'œil le vol des oiseaux, nous les avons vus prendre pied dans ces mêmes tailles où, le matin, se sont déjà remis cinq perdreaux gris.

Aussitôt, nous quittons les vignes et, après avoir traversé quelques champs, nous entrons dans les bourgeons pour aller — Scott, derrière nous — vers le point où la belle compagnie est tombée au bois, dans un semis de bouleaux, près d'un vieux chêne qui étale au loin ses robustes rameaux.

Tenu en crainte par nos prudentes façons, notre jeune chien a compris son rôle, et quand, au plein vent, à voix basse, nous lui donnons l'ordre : *Allez!* il a déjà connaissance des perdreaux. Il part sagement, pointe, s'avance cauteleusement et le voilà en arrêt...

Évitant de faire le moindre bruit qui pourrait

avertir le gibier, nous le rejoignons, le fusil
haut...

Au simple appel de langue qui l'actionne à aller
de l'avant, notre élève fait quelques pas encore et
reprend l'arrêt... mais le bout de son fouet tremble... ça remue devant lui! attention!

Et à trente pas, part en gerbe la compagnie...

Au premier coup, deux perdreaux, tirés au
croisé, tombent... et, du second coup, nous en
frappons un troisième, qui, la tête touchée de
quelque grain, se raidit dans son vol et monte,
monte vers le ciel comme pour s'y perdre... mais
la mort met un terme à son étrange ascension et
l'oiseau retombe, droit comme une pierre, sur la
bordure de la plaine.

Apporte! commandons-nous à Scott aplati dans
les hautes herbes...

Notre élève s'élance et revient à nous avec un
perdreau, puis, l'ordre renouvelé, il retourne au
même endroit, quête quelques secondes et se met
à l'arrêt sur une cépée de charme...

Alors, nous allons à lui. *Tout-beau!* disons-
nous en entendant le perdreau qui, dans son ago-
nie, frappe de l'aile les brins de la talle. Puis,
jugeant que l'épreuve est suffisante, nous ajoutons : *Apporte!*

Cette fois, sans déconvenue, Scott extrait de la
charmille notre seconde pièce, et, après l'avoir

vivement caressé, nous prenons la direction où nous savons que la troisième est étendue raide morte sur le sol.

Après quelques minutes de recherche, pendant lesquelles notre élève, au même endroit, exécute plutôt qu'il ne quête, les manœuvres que tour à tour nous lui commandons soit du bras droit, soit du bras gauche, nous avons enfin la joie de le voir brusquement s'arrêter dans une foulée de galop et tenir l'arrêt, le plus ferme et le plus brillant...

La ligne du corsage brisée, les muscles crispés, la tête jetée de côté, Scott, médusé par la vue et le sentiment du gibier, est immobile, les jambes raidies et la patte droite retroussée...

Le perdreau rouge est sous son ventre !...

Nous prenons le bel oiseau et nous le lui mettons en gueule en l'applaudissant de la main et pour la sagesse qu'il a déployée et pour tout le plaisir qu'il nous a donné durant cette charmante matinée !

CHAPITRE V

DU DOMPTAGE DU CHIEN D'ARRÊT.

Un mois avant l'ouverture de la chasse, les promenades de Vichy, Royat, Néris et autres villes d'eaux les plus hantées des baigneurs ou des touristes, sont envahies par une catégorie d'industriels qui circulent à mainte heure du jour, tenant en laisse des chiens d'arrêt de tous poils, de toutes races parmi lesquels se rencontrent parfois des sujets qui ne sont point à dédaigner.

D'où viennent ces marchands de chiens étrangers à la localité ? Ils seraient peut-être bien embarrassés de le dire eux-mêmes ! En tout cas, leurs types sont aussi bigarrés que leurs nationalités sont variées, et, à côté de la veste en velours et du béret d'un montagnard soi-disant des versans pyrénéens, vous remarquez, portant *lastings* et chapeau rond, un fils d'Albion qui, à tout hasard, murmure

modestement : *look, sir, will you a splendid spor-
ting-dog* ?

Et comment tous ces raccoleurs d'épagneuls, de
braques, de griffons, de métis anglais à simple et
double nez, etc., se sont-ils procuré leurs mar-
chandises ? Mystère et police correctionnelle !

Toujours est-il que bon nombre de chasseurs et
d'amateurs — jeunes assurément — se laissent
prendre neuf fois sur dix aux boniments de ces
Gaudissarts qui déploient, pour l'exhibition et la
vente, un talent oratoire souvent digne, — aux
temps où nous vivons — de plus hautes destinées.
Comme tous les colporteurs ayant des langues
taillées à la française, ces vendeurs ont une verve
endiablée pour engluer l'amateur qui a commis
l'imprudence d'entrer en pourparlers avec eux ;
mais surtout ils ont un flair souvent plus développé que *Médor* ou *Pyrame* pour sentir le client,
sans compter que, pour bien *rapporter*, ce dernier
a l'oreille moins dure que ces aimables animaux !

C'est principalement le matin, avant le déjeuner
et après le bain externe ou interne que les prome-
neurs ont pris, les uns en se plongeant dans les
piscines, les autres en ingurgitant force verres
d'eau, que la Bourse aux chiens tient devant eux
ses assises hurlantes et aboyantes et que se trai-
tent, coram populo, les affaires canines. Entre ces
deux occupations de la matinée, le baigneur —

n'ayant rien de mieux à faire — flirte ou flâne, et, pour peu que son esprit vogue en pleine mer, les valeurs à quatre pattes et à longue ou courte queue lui offrent un élément de distraction, voire même un amusement, si, à plusieurs reprises, ayant jeté un regard de connaisseur sur tel ou tel champion du marché, il s'est laissé aller jusqu'à dire : « tiens ! celui-là est assez joli chien ! »

Le propos — croyez-le-bien — n'est pas tombé dans le sable de l'allée et vous êtes marqué ! Demain ou après-demain, quand vous repasserez, *Jubine* ou *Corydon* vous seront officiellement présentés, non pas comme héritiers des qualités de père et mère inconnus — ce qu'ils sont — mais « comme descendants — dit le subtil vendeur — « d'un magnifique chien qui appartenait à un très-« riche Anglais, grand chasseur, qui a séjourné à « l'Hôtel de Paris, le plus bel hôtel de Tarascon, « où mon beau-frère était garçon de chambre, et, « comme le chien de Milord lui était confié, il l'a « fait pendant la nuit, *conserver* une chienne d'ar-« rêt à un de ses amis ! » Honnête garçon !

Et voilà le pédigrée de *Jubine* et de *Corydon* ! Il est très romanesque, absolument invérifiable, mais, après tout, ces deux rejetons du superbe chien de Milord ne sont-ils pas les fruits d'une amoureuse surprise, et l'amour fait tant de belles choses sans compter les jolis chiens !

La vérité est que cette traite d'individus noirs, blancs, marrons ou orangés est alimentée au moyen, soit de chiens abandonnés par leurs maîtres, soit de chiens qui se sont attachés spontanément ou plutôt ont été attachés subrepticement à leurs nouveaux propriétaires, soit enfin de sujets acquis — argent en main — à celui-ci ou à celui-là qui n'en pouvait rien faire. Donc, bohêmes de l'espèce, venus des quatre points cardinaux de la France, doués de plus ou moins belles formes, mais tous décelant — notez-le bien — grande ardeur et vigueur, la plupart de ces chiens d'arrêt qui n'ont rien coûté ou ont été payés de 20 à 60 francs sont à revendre, après essai, aux prix doux de 150 à 200 francs. Voilà le problème à résoudre !

Et ne croyez pas qu'ils manqueront de chalands! Non seulement bien des amateurs ont cru à leurs étonnantes qualités, mais encore nous connaissons des chasseurs qui, prenant bravement leur parti d'avoir été refaits, se sont donné la peine d'améliorer leurs acquisitions et y ont réussi. Ceux-là, il est vrai, ont eu affaire à des chiens qui, en dépit de bien des raclées, avaient à cœur de remercier leurs maîtres de leur avoir fait une position !

Mais, en général, l'amateur sérieux étant découvert, puis habilement circonvenu, voilà ce qui se passe. Il est entendu d'abord que l'animal en vente a déjà toutes les qualités voulues d'un excellent chien d'arrêt et... qu'il aura même toutes celles qui sont désirables. Ensuite — point capital — on est d'accord sur le prix, et, comme dernière condition, telle est celle que le vendeur pose en concluant par cette insidieuse autant qu'audacieuse péroraison : « Oui, Mo'sieu, aprè' essai ; c'est comme ça que je l'entends. J'm'en voudrais toute ma chienne de vie, si j'trompais un seul d' mes clients. C'est bien embêtant que j'sois forcé d'aller à X... pour mes affaires ; mais, dans trois jours, Mo'sieu, j'serai r'venu et j'vous f'rai essayer vot' chien. Vous r'gretterez pas l'argent, allez ! »

Un excellentissime chien d'arrêt pour 160 fr.! C'est pour rien ! Quelle bonne affaire, hein ! Et le futur propriétaire de *Porthos* s'en frotte les mains d'avance. Il va même plus loin, poussé par son enthousiasme. Quelle crème de Snob — se dit-il — que mon brave ami Gustave, qui va bien payer 800 fr. un pointer authentique qui certainement n'est ni aussi beau ni aussi bon que ce chien-là ! Comme je vais le blaguer !

Pendant ces trois jours, le marchand est allé à ses affaires. Et quelles affaires ! Seul, l'infortuné Porthos pourrait vous raconter, à son retour, de quelle façon elles ont été traitées. Soyons moins discret que lui :

« Entre son maître et un autre homme qui lui a
« paru plus méchant encore, il a été emmené loin,

« bien loin, dans un pays inconnu. Là, il a tra-
« versé, tenu en laisse, des champs assez sembla-
« bles à ceux où, l'année dernière, il chassait heu-
« reux et libre, des lièvres, des cailles, des per-
« drix, etc., en compagnie de *Miraud*, un griffon
« de ses amis qui, en aboyant, le prévenait toujours
« dès qu'il avait rencontré une bonne piste.

« Bientôt, les deux hommes se sont séparés pour
« marcher à distance l'un de l'autre.

« A plusieurs reprises, il a voulu montrer à son
« maître qu'il sentait du gibier, mais celui-ci, avec
« violence, l'a tiré à soi en l'apostrophant d'une
« voix menaçante : « Ici, à moi ! charognard ! »
« Alors, il a marché derrière ses talons aussi tris-
« tement que sur les promenades de Vichy en se
« demandant ce que l'on pouvait bien vouloir faire
« de lui !

« O joie vive ! tout à coup, d'un sainfoin en
« fleurs, s'est levée une bande de perdrix ! A la
« vue des oiseaux, il s'est élancé pour courir après,
« comme c'était son habitude, et si fort que son
« maître a failli en tomber sur le nez !

« Aussitôt, ce dernier en fureur l'a frappé, à
« tour de bras, de son fouet à lanière avec gros
« nœuds en criant : « Tout beau! carcan! Tout
« beau!... attends, j'vas t'en f...ourrer une pile ! »
« Et, de plus belle, malgré ses cris, il a été rossé
« sans pitié. Enfin, coups de fouet et coups de

« pied ont cessé de grêler sur lui à l'arrivée de
« l'autre homme qui, en colère aussi, lui a passé
« au cou — alors qu'il gisait encore suffoqué et
« gémissant — une large bande de cuir, toute hé-
« rissée de longues pointes en fer et pareille à
« celles qu'il a vu portées par des camarades, qui,
« auprès de grands bois, gardaient des mou-
« tons... seulement, l'homme en ignorait sans
« doute l'usage, car il la lui a mise à l'envers ! »
« Candidē Porthos !

« Puis, à ce lourd collier, il a été ajouté une
« longue, longue, très-longue corde. Après quoi,
« on l'a bien caressé et excité à courir à son idée
« dans les champs. Parbleu ! sans cette maudite
« bande de cuir qui lui piquait sans cesse la peau,
« il n'eût pas demandé mieux ! Enfin, bravant ces
« épines d'un nouveau genre, il a voulu quand
« même profiter de la liberté pour chasser, lorsque
« la corde qu'il traînait, venant soudain à s'accro-
« cher à une haute tige de chardons, il a culbuté
« et a senti s'enfoncer dans sa chair tant de pointes
« à la fois que, succombant à ces souffrances sans
« nombre, il n'a plus osé faire un pas et s'est laissé
« tomber sur le sol en poussant des hurlements
« de douleur ! »

« Alors, en tremblant, il a vu les deux hommes
« venir sur lui qui se disputaient avec force gestes.
« Vois-tu b'en — disait l'un — c'rossard-là, y fait

« esprès de n'pas marcher! donne ton fouet que
« j'flambe ça comme y faut! » — Taise-toi don',
« viel' maladie — répondait l'autre — t'y con-
« nais r'en du tout! tu vas l'dégouter! y voudra
« p'us r'en faire!

« Et son maître, moins cruel que son compa-
« gnon, lui a ôté la bande de cuir à piquants pour
« la remplacer par son ancien collier, mais auquel
« a encore été fixée la longue corde. Quoique bien
« gêné pour courir, il a rencontré les perdrix et,
« les poursuivant de près dans la luzerne, il allait
« en attraper une quand cette diable de corde l'a
« de nouveau cloué sur place! Cette fois, c'était
« son maître qui la tenait en criant de toutes ses
« forces : « Tout beau! chameau! Tout beau! »

« Puis, l'autre homme courant sur lui armé du
« gros fouet, l'a roué de coups, en répétant d'une
« voix terrible : « Tout beau! Tout beau! »

« Mais torturé des plus cuisantes douleurs et
« poussé par l'instinct de la conservation, il a
« voulu se venger en mordant cet ennemi impla-
« cable. Oh! alors, les deux hommes se sont jetés
« sur lui, et des pieds et des poings, ils l'ont si
« fort maltraité qu'étendu sur la terre, ne pou-
« vant plus remuer ni queue ni pattes, il est resté
« là assommé!

« A partir de cet effroyable moment, il a compris
« qu'en entendant vociférer *Tout beau!* il ne de-

« vait plus bouger sous peine d'être encore à moi-
« tié tué. Revenu à lui, le corps brisé de souf-
« frances, traîné par ses deux bourreaux plutôt
« que cheminant derrière eux, il a réfléchi qu'il
« fallait faire ce qu'ils voulaient, seul moyen de
« ne plus être leur victime et de changer sa pi-
« toyable destinée. Aussi, le lendemain et le sur-
« lendemain, encore tout endolori, il a craint de
« réveiller leurs fureurs quand, dans les champs,
« il a trouvé du gibier, et il n'a plus osé remuer au
« cri : Tout beau ! Il a chassé sans ardeur mais
« sans être battu ; bien plus, son maître l'a caressé
« et s'est opposé à ce que l'autre homme, toujours
« aussi bête le lendemain que la veille, lui fît
« traîner au bout de la longue corde, un paquet
« de griffes, comme en portent sur le dos des
« hommes tout petits, à la figure noire, qui
« grimpent dans les cheminées...»

Et voilà comment *Porthos* — dompté momentanément par ceux qui, par d'effroyables volées, ont
anéanti sa volonté et son énergie, fera honneur —
le malheureux ! — à son maître, et lui vaudra une
somme d'argent assez rondelette, lorsque le qua-
trième jour, en présence de l'amateur et dans une
contrée où il y a peu de gibier — contrée choisie *ad
hoc,* — il subira avec succès la délicate épreuve
de l'essai.

Et pendant tout ce temps-là, le marchand n'emmielle-t-il pas le client? La frayeur du sujet est devenue de la prudence, sa courbature du découragement de trouver si peu de gibier « dans un pays, Mo'sieu, où y en avait tant! etc. »

Bref, l'amateur devenu propriétaire de Porthos, le tour est joué! C'est loin de Vichy, après avoir pris du repos, après avoir été bien nourri, que le gaillard, redevenu ce qu'il est réellement, se montrera ardent, insoumis, forceur d'arrêts, coureur et déchireur de gibier...

Et son nouveau maître jurera :

> . . . . mais un peu tard
> Qu'on ne l'y prendra plus.

FIN.

TABLE DES CHAPITRES

www.ingramcontent.com/pod-product-compliance
Lightning Source LLC
LaVergne TN
LVHW050047060726
842524LV00003B/707